JN141368

デザイナーと投資家のための

賃貸集合住宅の企画［術］

THE HOUSING PLANNING FOR DESIGNERS AND INVESTORS

高柳英明＋添田貴之

彰国社

〔写真・図版出典〕

新良太
5.1 図 2、5.3 図 6、5.8 図 1、5.13 図 1、6.8 図 2、7.2 図 3

太田拓実
カバー・表紙写真、各章扉写真
1.1 図 1、4.2 図 1、図 3、図 4、4.3 図 1、図 4、図 5、4.4 図 1、図 3、図 4、4.5 図 2、4.6 図 3、図 4、5.1 図 1、図 4、5.2 図 1、5.3 図 2、図 3、図 4、5.4　図 1、図 3、5.5 図 1、5.6 図 1、5.7 図 3、図 4、図 5、図 7、5.8 図 2、5.10 図 1、図 2、図 3、5.11 図 1、5.12 図 1、6.1 図 1、6.3 図 2、6.4 図 1、6.5 図 1、6.6 図 1、図 2、6.8　図 3、6.9 図 1、6.10 図 1、図 3、図 4、図 5、6.11 図 1、6.12 図 1、図 2、6.13 図 1、図 2、6.14 図 1、図 2、6.15 図 2、6.16 図 1、図 2、6.17 図 1、図 2、図 3、図 4、6.18 図 1、図 2、7.2 図 1、図 5、7.3 図 1、図 4、7.5 図 1、7.6 図 1、7.7 図 1、図 2、7.8 図 1、図 2、8.1 図 1、8.2 図 1、8.3 図 1、8.4 図 1、8.9 図 1、図 2、図 3、図 4、8.10 図 2

日経 BP 社　1.3 図 2（『日経アーキテクチュア』2005 年 6 月 27 日号、pp.36-37、pp.40-41）／アイホン株式会社　1.5 図 1（上）／ Qrio 株式会社　1.5 図 1（中）／株式会社エスキュービズム　1.5 図 1（下）／河村容治　5.13 図 2、8.15 図 1 ／株式会社 NTT ドコモ　5.13 図 3 ／小島一弥／じこませいさくしょ　8.14 図 1、図 2、8.15 図 2 ／
株式会社オオムラ（大村泰史代表取締役）　その他取材協力

装丁：桒元正博
本文 DTP：スタヂオ・ポップ

はじめに

リノベーション住宅がもて囃されている不動産ビジネス界の活況も束の間、ポスト・オリンピックイヤーに懸念される不動産不況や、労働人口減少からくる建築費の高騰、さらには年々進行する建物の老朽化などを勘案するに、20年あるいは40年後まで通用する集合住宅企画はどんなものなのかを、今、真剣に考える時期が来たように思う。

一方で、空前の低金利時代に突入しつつも、中には将来性の薄いサブリース型の集合住宅や、投資性を重視するあまりに魅力の薄い「普通の」マンション企画がいまだに散見されるが、今後20年、40年に渡って、その価値を維持できるものは本当に少ないだろう。かといって、高級志向のマンションや、奇をてらったデザイナーズ物件がよいかというと、そうでもない。賃貸型集合住宅の主ターゲットである若年層は、持ち家志向に執着せず、多様で柔軟な考えを持ち、デジタルネイティブ世代であり、当然、その側面を住空間にも求めている。これからの集合住宅企画には、彼らのライフスタイルと生活像を、きめ細やかにサポートできるものでなければ生き残れないだろう。

また同時に不動産とは、それ自体で保有資産になっていることを忘れず、無理のない事業計画と、周辺に魅力を還元できる企画を立てながら、「建物と街を愛する」覚悟とポリシーを持つことが重要であり、これが息の長い商いを続ける秘訣だと思う。

筆者はこれまで、数々の集合住宅デザインと企画立案・事業計画の策定に携わりつつ、また自ら不動産投資も行ってきたが、この経験と反省から思うのは、「建築づくり」と「投資行為」は、もっと親しい関係になるべきである、ということだ。昔から、建築設計と不動産マネジメントは、学問的・実業的に見ても、理系と文系に分かれて、互いをよく知ろうとしないし、両者が協働して企画を立てていても、いまひとつ議論が噛み合わない。これではよい企画が立てられるわけがない。

そうした課題に対し、本書は、建築デザイナーと投資家（オーナー）の両者をターゲットに、定石かつ思索的な企画・設計実例をあげ、両者の協働により、よい企画を立てる「術」を説いている。

第1部は「上手な企画の立て方」を段階を踏んで学ぶ内容になっており、主に投資家（オーナー）向けの知識を集約した。後半の第2部では「付加価値の高いデザイン手法」について、主に建築デザイナー向けのポイントをまとめた。しかし前述の通り、投資家の方にはぜひ第2部を、デザイナーの方には第1部をよく読んで、それぞれの立場になったつもりで相互理解を深めて頂きたい。そうすることによって、投資家は、個別家主から「差配人」の視座が得られるだろうし、デザイナーは「事業への利き目」を持つことができるだろう。

本書を通じ、柔軟なアイデアに満ちた企画を、自在につくっていただければ幸甚である。

2018年10月　　　　高柳 英明

デザイナーと投資家のための

賃貸集合住宅の企画[術]｜目次

第1部

企画編

将来を見据え企画を立てる

1 企画をはじめる下準備

1.1 企画書は決意表明と忘備録

地域社会の人口減少と、それをはるかに上回る労働者人口の低減を見てとるに、従来の富裕層による不動産ビジネススキームにおいては、出口の見えない未曾有の時代を迎えていると言ってよい。このような時代のマンションビジネスは、投資しさえすれば資産価値を保ったまま節税に役立つだろうとか、新築15年で売り抜けできれば勝ち組だろうといった、楽観的な、いままでの市場メカニズムはまったく通用しない。なぜなら、人口減少に従って市場規模も賃料も縮小するだろうし、更新修繕のたびに工事費用も高騰の一途をたどることが見越せるからである。

一方で、昨今流行のリノベーション・モデルでは、短期的には初期投資を抑えつつ理想的な利回りが期待できる投資モデルといえるのだが、建築ハードの見えない老朽化という弱点を常に抱え持つため、ひとたび不具合が起これば単年度で問題を是正できるとは限らない。つまりキワモノである。古い建物を維持管理されている読者諸氏はピンと来られているだろうが、一般的な2LDK間取りの賃貸住戸を例にとっても、給排水設備、配管更新でざっと戸あたり150〜200万円となろうか。その設備修繕費の投資額を回収するには、築25年、月極賃料7.5万円、稼働率80%、入退居修繕2回を経るとすると3〜5年はかかる。さらに住戸数や階数が多いと、不具合も同時多発的に逐次対応せねばならず、なかなか楽なビジネススキームとも言い切れないのが実態である。

よって当世でマンションビジネスに活路を見出すならば、

①時代に合わせた適切な目標の再設定を行うこと

②地域オンリーワンの魅力をつくること

③その魅力をながく愛してくれるファンを持つこと

④何よりも自分が建物とそれが建つ地域を愛すること

であろう。

マンションビジネスは、投資型から資産活用型まで幅広く、一種マネーゲームの駒として扱う向きもあるが、株や情報商材とは一線を画すべきもので、長い目で捉えて時代のうねりをかわしていく術を持つことが肝要である。70年代前半の経済成長期から80年代バブル初期にかけて多く建てられた賃貸型マンションにあっては、RC建築の耐用年数47年をそろそろ超える物件もあるだろうし、年々

図1　企画書に沿って計画された賃貸型集合住宅事例

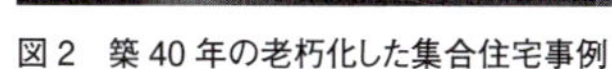

図2　築40年の老朽化した集合住宅事例

嵩む修繕費と入居率の低減に悩まされていることもあると思う。建て替えか、思い切って売却かの選択の瀬戸際に立たされているオーナーや、これからマンションビジネスに取りかかろうとする者もあるだろうが、未曾有のスマートエイジング時代を文字通り賢く生き抜くための術は、実は身の回りで起きている社会の動きから得られるのである。ただ重要なのは、これを直感的に捉えてマンション企画の主軸にするのではなく、息の長いビジネスモデルを、丁寧に、少しずつ分析を加えて状況を整理する「企画書」にまとめることなのだ。

1.2 問われる都市の観察眼

これから建てるものが投資型マンションならば、出物の売地やその周辺だけを下見するだけではなく、ある程度エリアを決め、少なくとも半年は「街の観察」を続けるべきである。街を観察することは、建築や不動産の専門家でなくても十分できる。例えば民間の地図情報サイトや、国土地理院ホームページ上からダウンロードできる白地図を下敷きに、計画敷地を中心に据えた周辺環境の分析図をつくってみるとよい（図1）。あるいは街の観察を通し、自分が「見て」「感じた」街の価値を、キーワードやタウンスケープ図（2.3節にて詳しく紹介）としてまとめるのもよい（図2）。特に新築の建築物を建てるとき、建築家や都市開発デベロッパーは、都市景観（通りから見える街並みの連なり方）に及ぼす影響力や、その建築が都市にどんなチャームポイントを還元できるのか、といったことを考えつつデザインを決める。また生活像を正しくタウンスケープとして記述するには、目に見えるものだけでなく、雑踏や交通機関の行き来、街路樹や公園から聞こえる音なども環境を理解するための重要な情報となる。また平面的な位置関係だけでなく、土地の高低差や眺望、街路の佇まいや趣なども、企画のアイデアの発端になるかも知れない。読者の中には、今回初めてマンション企画に着手する人もおられると思うが、土地勘なく、なんの愛着もない地で商売を始めるのは、いくら投資ビジネスだからと言っても心許ない。まずはこうして歩いてみて、気がついたことをメモするという軽い気持ちで、都市環境を正しく観察して頂きたい。さらには、街をのんびり歩きながら観察や調査を進めつつ、3章で述べる企画の骨子について推敲し、敷地周辺だけでなく駅勢圏や周辺都市との地域比較まで視野を広げて頂きたい。

かくいう筆者も、集合住宅の設計者をしながら、個人的にマンション投資事業を手掛けており、話題の売り地や新着物件情報を不動産投資セミナー会社から得て日々勉強しているが、土地勘のない案件は、投資分析指標だけでは買い付けの判断ができないし、やっても意味がないと思っている。街を見る目をどんどん肥やし、目が利くようになると企画がますます面白くなり、狙った市場に着地させることができ、だいたい上手くいく。元は私もマンション企画の素人であったが、段階を踏みさえすれば、どんな素人でもマンション企画

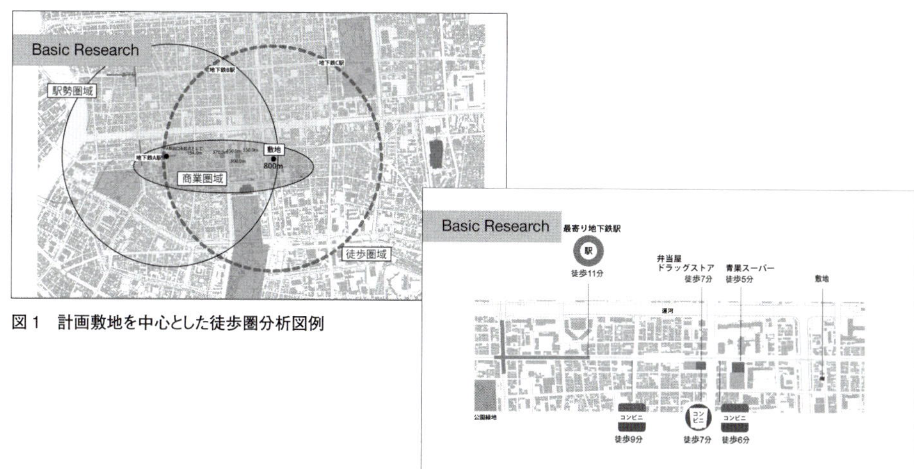

図１　計画敷地を中心とした徒歩圏分析図例

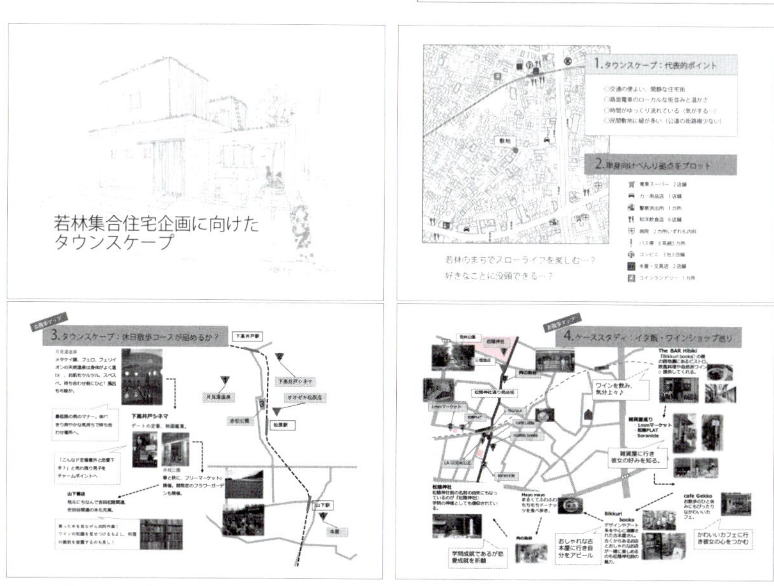

図２　タウンスケープ結果のまとめ例

は立てられると自信を持って言える。本章では企画書の立て方について順を追って説明すると同時に、それに至るまでの与件の整理や、事業を始める準備についても触れていこうと思う。また集合住宅の設計者・デザイナーも本書の読者対象であるから、そうした方々にとっては、集合住宅設計のクライアントあるいは依頼内容が本当に事業性を担保できるのかを判断する目が養えるはずである。

1.3 企画が「化ける」とは

戸建注文住宅と違い、賃貸型集合住宅の難しさは、なんと言っても住み手が特定できない点にある。顔の見えない顧客に対し、どれくらい需要が見込めるのか、価格と価値のバランスは適当か、継続的な広報戦略はどうあるべきかなどを考慮するにあたり、あてずっぽうの建築普請プランがまかり通るわけがない。立地・市場調査を正しく行い、計画の着地点をどこに置くべきか、何が他物件と比べて優位・特異な魅力になるのか、長期視野での事業性は担保できるのかなど、考慮すべきことは多いが、これは建築生産業としてよりもむしろ商品開発に近いのではなかろうか。企画書がないビジネスなどあり得ないのだが、いままでの民間マンション事業で、果たしてどこまで真面目に企画について考慮されていたのかはなはだ怪しい。本書を通じてその重要性を理解して頂きたい。

またもう一つ難しいのは、オーナー・融資機関・設計者・不動産仲介者を跨いで遂行するビジネスである点である。違う立場の者同士が2、3年かけて建物を建てていく訳であるから、当然記憶も熱意も途中で停滞することが懸念される。当事者間の業務モチベーションを保つためにも、企画書の存在は重要な意義をなすものである。図1に示した資料は、設計者の協力のもと、施主の提案で起こした融資先・不動産仲介業向けの企画説明用資料である。本書で示す土地のリサーチからTPCBL[注1)]分析、事業計画を示す投資分析資料にパースイメージが添付されている。基本設計図も含まれるためA3用紙のサイズで作成してある。図2は施主指示のもと、企画書に含めた図面・イメージ資料を流用し、不動産仲介者と入居希望者に対して事前に物件イメージを伝えるために作成したパンフレットである。こうして着工前から不動産仲介者を抱き込んで広報・宣伝をかねて客付けをするのも効果的であるし、それが地域のオンリーワン企画ならば新築時から長期入居者を獲得する機会が得られる。図3は図1の企画で建てられた賃貸集合住宅の入居者インタビュー記事であるが、当事者は事前に部屋の広さや物件情報だけでなく、使い方やライフスタイルも含めて事前に温め、自らの未来の居住像をイメージしていたとのことで、入居後13年経った今はアートワーク実務のSOHO兼美術ギャラリーを開催し、近隣・広域の好評を得ていて、同じ物件内の住人も、彼のアート活動を日々楽

注1　TPCBLとは、ターゲティング、ポジショニング、コンセプトメイキング、ベネフィット、ライフスタイルシミュレーションのこと。くわしくは、2.1、3章以降を参照。

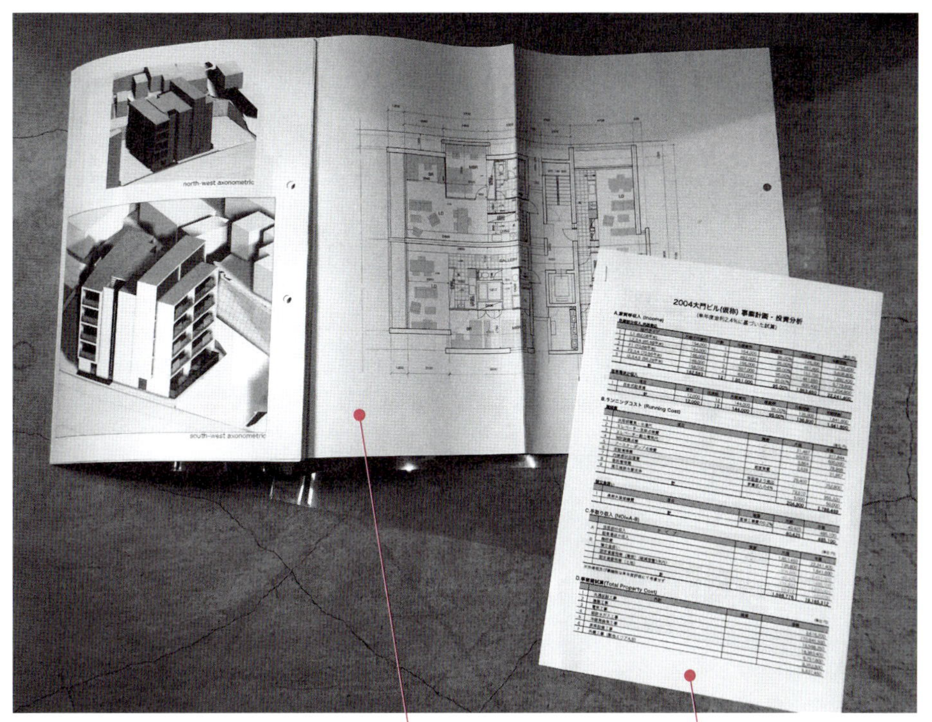

図1　企画の当事者間・融資機関向けの企画書

A3 サイズの冊子にまとめた企画書。
イメージパースや図面、土地の現状把握や
TPCBL 分析（第 3 章参照）等も含む。

企画書には、事業計画・投資分析を添付し、
企画当事者間だけでなく、銀行等の融資期間
への説明資料とした。

しみに過ごしており、結果的に定常的な稼働率と、高い定着率という成果につながっている。つまり、未来の見えない住み手に対し「こういうふうな人にこういう感じに住んで欲しい」と思いをこめた企画以上に、結果が「化けて」くれているのである。

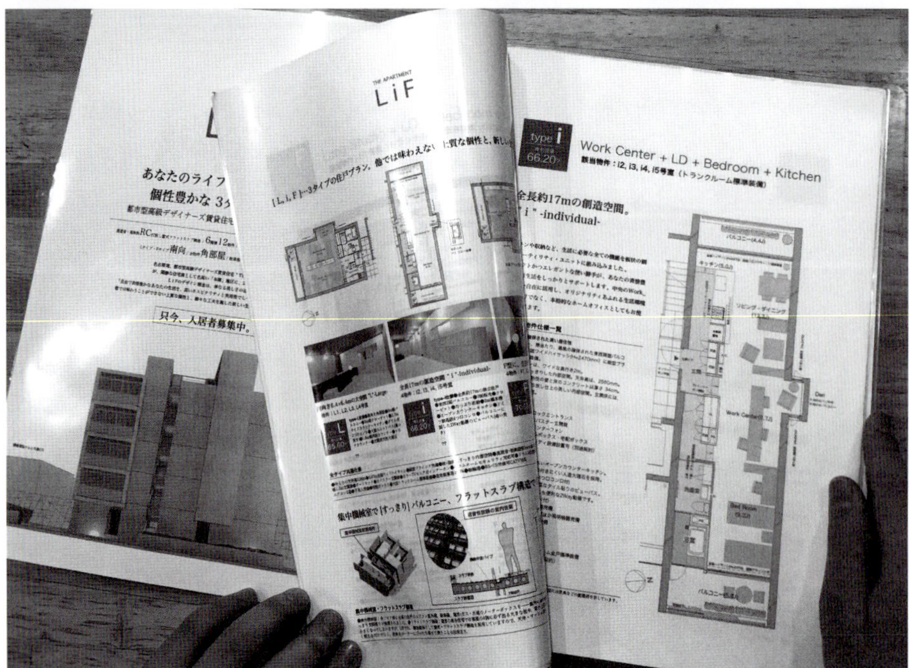

図2　不動産仲介者・入居者向けパンフレット

close up 住宅
アパートメントライフ(LiF)——名古屋市

■居室がコの字形のFタイプ
LiFのFタイプ内部。中央に配置した水まわりなどのコアを、居室部がコの字形に囲む。この住戸ではデザイン事務所が、ワークスペースやギャラリーとして利用している

玄関からリビングまで9mにわたってテーブルが備え付けられている。SOHOとしての利用も想定しており、テーブル下部には電話のモジュラージャックやLAN端子を設置した

入居前のFタイプ内部(別のフロア)。壁も天井もコンクリート打ち放し。床は白のPタイルコーティング。「フローリングより安価で、原状復旧もしやすいので採用した」と高柳氏 (写真:鈴木悠)

住まい方・使い方を考えさせる間取り

設計:AMS
施工者:加納工務店

「生活に合わせて家具の配置などのバリエーションを工夫できる」と、iタイプの住戸に入居した岩田剛彦氏は考えた。

東西約14mにわたって間仕切り壁も柱もない縦長ワンルームという特殊な間取り。入居者にとって、「どのように住んでもいい」自由があると同時に、「住み方を考えなければならない」という制約もある。岩田氏は「住み手の能力を問われているようで、"挑戦"する楽しみがある」と感じ、入居を決めた。

アパートメントライフ(以下、LiF)には、「L」「i」「F」の3種の間取りがある。「1フロアに配置する三つの住戸の平面が、異なる条件になっても構わないと頭の中を切り替えられたとき、設計の方向が固まった」と、設計者の一人である鈴木恂氏(早稲田大学教授)は振り返る。設計上のポイントとなったのがFタイプだ。

敷地には厳しい与条件があった。北側斜線制限と20mの高度規制、がけ条

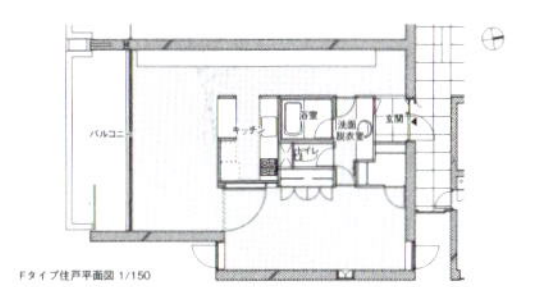

Fタイプ住戸平面図 1/150

36 NIKKEI ARCHITECTURE 2005-6-27　　2005-6-27 NIKKEI ARCHITECTURE 37

南西側から見た外観。南側にF、Lタイプを並べ、廊下やエレベーターホールなどの共用部を挟んで北側に、東西を貫くiタイプを配置した

エントランスホール。1階居室の廊下とは段差を設けて区切った

全居室で、室内とバルコニーがフラットにつながる。「バルコニーを部屋としても利用できるようにするためだ」(高柳氏)。境界にはドレイン(側溝)を設置。エアコンの室外機はフロアごとに別の場所にまとめているため、バルコニーにはない。FRPグレーチングの可動式スクリーンは日よけに使うほか、目隠しにもなる

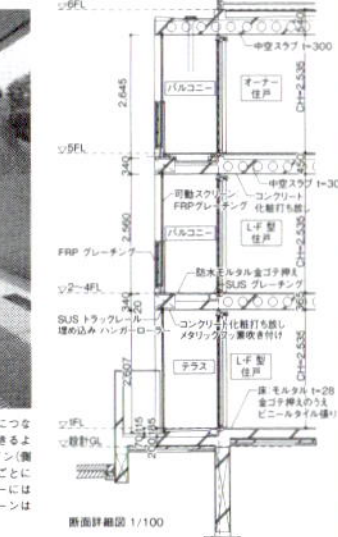

断面詳細図 1/100

入居者の声 voice

|挑戦|

生活する中でいろいろ挑戦できると思って、iタイプへの入居を決めた。ほかの2タイプと違って、生活や家具の置き方などが容易に想像できない。入居者が「住み方」を問われる点が面白いと思った。現在、SOHOとしての利用を考えて、家具などのレイアウト中だ。 (岩田剛彦氏、設計事務所主宰)

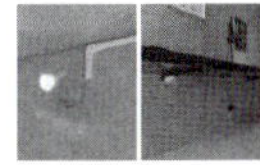

左 居室部に照明が少ないため、既設の照明(写真)から電源を取り、天井部に別途、蛍光灯を設けている住戸もあった
右 電話線やLAN端子が限られているため、LANケーブルを延長させ、壁にはわせている住戸もあった

|何これ?!|

間取り図を見て「何これ?!」と思った。こんなマンション、あまりない。その日のうちに現地を見学し、生活空間としても仕事場としても使えそうだと思って、翌日にはFタイプへの入居を決めた。開口部が大きく、近隣にある緑も見えて快適だ。ただし、電話線とLAN端子が長テーブルの下部にしかないので、ケーブルを延長しなくてはいけないのが気にはなる。
(小島久弥氏、デザイン事務所主宰・美術作家)

|大空間|

Lタイプは室内がひとまとまりの大空間なので、自由にレイアウトできる。デザインも洗練されている。窓から緑が見えたのも気に入った。広いバルコニーにはテーブルを出して、教室の生徒にリラックスしてもらおうと考えている。ただし、照明が少ないので雨の日などは手元が見えにくい。
(時枝敦子氏、フラワーアレンジメント教室主宰)

入居者の声に対する設計者のコメント

名古屋地区における、こうした特殊な設計に対する潜在的ニーズは感じていたが、現実に受け入れられるとうれしい。実は、照明器具は普通の賃貸住宅より多い。ただし、居室部の照明は、入居者が自由に配置するようあえて設けなかった。打ち放しの天井に照明を吊るすのは大変かもしれない。LAN端子は、将来的に無線LANになると想定して1カ所しか設けなかった。 (高柳氏)

入居者が自由にレイアウトしたり、ギャラリーなど様々な用途を考えたりすることは、設計上の狙いの一つだ。異なる顔を持つ3タイプの住戸のデザインに、どんどん触発されてもらいたい。 (鈴木氏)

エアコンの室外機や湯沸かし器などは機械室にまとめて、バルコニーを広く使えるようにした。このほか、水まわりはセンチ単位できっちり練るなど、目立たないところで使いやすさに配慮している。 (内木氏)

事業計画|見えない付加価値を理解してもらうことが課題

(写真:いずもと けい)

千葉大学デザイン工学科建築系助手
高柳 英明
1972年生まれ。98年、早稲田大学大学院修士課程修了。2002年より現職

今後も集合住宅を設計する以上、その投資価値と事業性を深く理解したかったので、市場調査や銀行との交渉まで自ら手がけた。家賃の査定も、図面などを基に複数の不動産会社に依頼した。アセットマネジャーに作成してもらった利回りやキャッシュフローを見据えた投資分析表を組み込み、自分で事業計画書を作って銀行に日参した。

銀行が基準にした利回りを確保するため、どの部分の仕様を落として工事費を下げるか、どこで付加価値を上げて家賃を上げるかという選択を迫られた。そのメリハリを設計に落とし込んでいく作業には大変苦労した。

同じ付加価値でも、「フローリング」や「コンクリート打ち放し」ならわかりやすいが、「部屋と一体化したバルコニー」「建て具が頑丈」といったことは、説明してもぴんとこないようだ。入居希望者だけでなく、不動産会社も正しく評価できるとは限らない。パンフレットを自作したのもそのためだ。設計上のポイントは自分でまとめる以外なかった。

こうした付加価値をさらに理解してもらうには、1~2週間単位で気軽に体験入居ができる仕組みを設けるのもよいのではと考えている。 (談)

高柳氏が作成した宣伝用パンフレット

配置図 1/3000

1階平面図 1/400

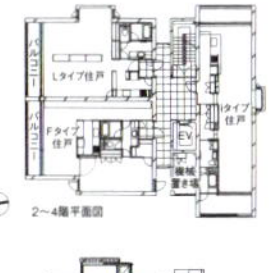

2~4階平面図

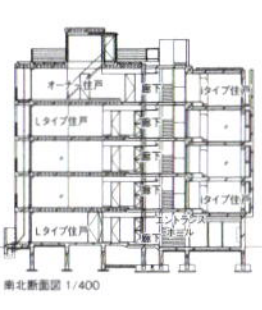

南北断面図 1/400

●アパートメントライフ(LiF)

所在地	愛知県名古屋市名東区本郷1-43
主用途	共同住宅
地域・地区	第二種住居地域、準防火地域、20m高度地区 建ぺい率39.85%(許容60%) 容積率174.6%(許容200%)
前面道路	西側16m
駐車台数	14台
敷地面積	711.20m²
建築面積	283.44m²
延べ面積	1456.26m²
構造・階数	鉄筋コンクリート造、地上6階
各階面積	地上1階263.35m²、地上2~5階283.44m²、塔屋階59.15m²
基礎・杭	直接基礎
高さ	最高高さ17.95m、軒高17.925m、階高2.9m、天井高2.535m
発注者	個人
設計・監理者	鈴木恂+AMS(内木博喜)、高柳英明
設計協力者	構造:O.R.S.事務所(小川勝利)、設備:HOSHINO建築設備設計(星野智之)
施工者	加納工務店(星島幸博)
施工協力者	空調・衛生:ソーゴ(藤原直樹)、電気:花ノ木電工(伊藤康記)
設計期間	2003年3月~2003年11月
施工期間	2003年12月~2004年12月

[建設費](税込み)

総工費	2億4255万9900円
工事費内訳	建築1億7084万5500円、設備・衛生・機械3349万5000円、電気1556万8350円、外構891万6600円、共通仮設362万6100円、追加工事・備品1010万8350円
工事単価	約16万6600円/m²(延べ面積ベース)

[外部仕上げ]

屋根	タケイ式進化コンクリート法防水(タケイ工業)
外壁	コンクリート化粧打ち放しメタリックフッ素樹脂塗装(エスケー科研)
外まわり建具	アルミサッシ(YKK AP)、スチールサッシ
外構	透水性コンクリート舗装(佐藤道路パーミアコン)

[内部仕上げ]

居室共通	床:ビニールタイル(東リMSプレーン) 壁:コンクリート化粧打ち放し一部PB t=9.5mm+FGボード t=5mmEP塗装 天井:コンクリート化粧打ち放し
水回り共通	床:ビニール床シート(タジマ パーマリューム) 壁:PB t=9.5mm+FGボード t=5mm EP塗装天井:PB t=9.5mm EP塗装

[住戸概要]

住戸数	賃貸12戸、オーナー1戸
住戸面積	61.95~70.51m²
月額賃料	14万6000~15万7000円(別途管理費8000円)

より詳しい建築概要データなどは、本誌ウェブサイト「NA plus」(http://kenplatz.nikkeibp.co.jp/NA/)で

40 NIKKEI ARCHITECTURE 2005-6-27　　2005-6-27 NIKKEI ARCHITECTURE 41

図3 雑誌の紹介記事(『日経アーキテクチャ』2005年6月27日号)

1.4 難易度の高い土地を狙うなら

今の時代、ネットを見れば不動産物件の売買情報は容易に入手できるし、頼んでもいないのにメールでその手の「有益情報」が配信されてくる。例えば筆者が購読している投資情報メールマガジンでは、毎週定例で中古棟売りマンションの情報が投資分析指標とともに届く。そこには、賃料を現況相場で引き直すと高利回りが期待できるという謳い文句が付されている。ここで考えて頂きたいのは、それが仮に文字通り有益な情報ならば、そもそも情報公開される前に関係者が手を付けているはずである。投資分析指標は賃貸型集合住宅の事業性をジャッジする重要なものであるが、単に量的な物差しであるので、それにばかりとらわれていてはよい投資はできない。立地の持つ魅力を引き出し、住居としての価値にどう結実させるか、すなわちどんな「質」を見いだせるかも、事業性に相当するポイントとなる。上記のようなネット・メール・セミナーを通じ、様々な情報が交わされるが、あまり他人の意見に左右されないほうがよい。

自分の目で土地を見て、環境の価値を把握し、じっくりと企画を立てるには、目まぐるしく売買される人気の土地よりは、買い手のなかなかつかない土地を選んで、じっくり検討するのもよい。旗竿土地や2項道路に面した土地、変形土地などは、通常の建築計画では事業性が確保できないから売れ残っているのだが、こうした難易度の高い土地に対しては、設計者や建築デザイナーと事前に協同し、土地購入に先立って、様々な規模計画から土地の価値をジャッジするとよい。周辺物件と同じような解答でははまらなかった企画が、アイデア1つで化けることもある。例えば図1では、隣地の3階建てマンションと同等の規模計画を策定すると、駐車場確保も中途半端、住戸数も稼げず採算がとれない。しかし前面道路の幅員の広さを活かし、思い切って細長いタワー型とすることで、規模と住戸数を稼ぎつつ、駐車場区画数も同時に確保する案も考えられる。タワー型になれば構造はRC造になり、建築にかかる坪単価も上がるが、それを成立させるべく、戸あたり賃料を高く設定できるプレミアム物件とするのもひとつの手であろう。こうした周辺物件と違う企画には、それなりの市場競争力と魅力を有していないと戦えない。すなわち企画力が問われるわけである。

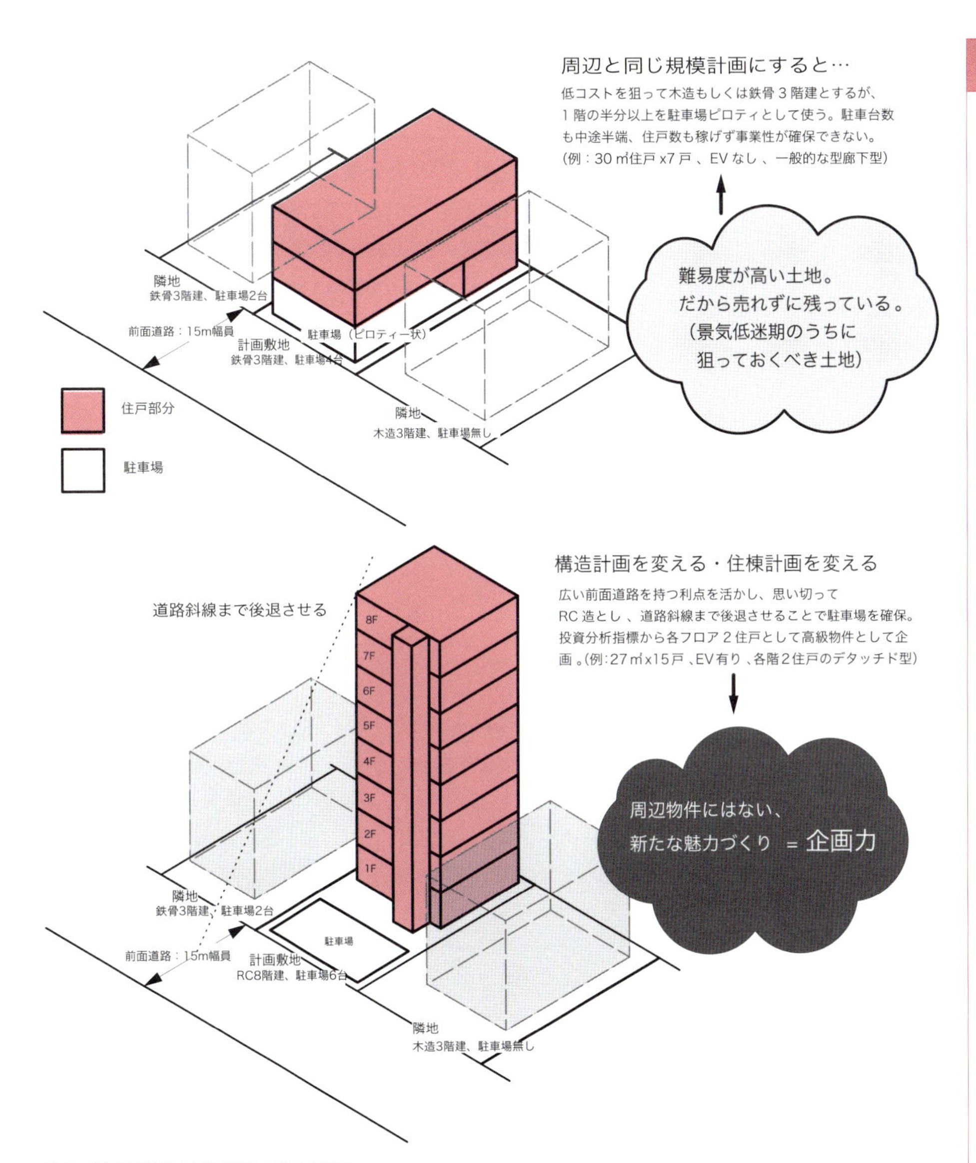

図１　難易度の高い土地を狙うための企画力

1.5 家主でなく、差配人を目指すべし

人口減・高齢化・所得低迷の時節柄、マンションを建てさえすれば儲かるだろうと安易に考えるオーナーはいないと思うが、いざ建物の設計・施工となると、人件費高騰・職人不足などの影響から、こだわりの住戸デザインを実現しようとすると建築費用が嵩むため、従前どおりのつまらない建物を建ててしまいがちである。一方、賃貸型集合住宅に入居する客層は、もっぱら若年・壮年層であり、彼らはポストミレニアル世代・デジタルネイティブとしてのライフスタイルを持っており、日頃からICT（Information and Communication Technology）を駆使し、SNSを常用し、自己愛主義的ではあるものの、他者を理解し、多様な価値観にもっともセンシティブな世代ともいえる。そんな彼らが入居したい、長く住みたいと思う住居を提供できることが、これからのマンションオーナーの目指すべき方向であろう。

デジタルネイティブの彼らにとっても、住処が根強い自己実現の1つになっているが、持ち家を手に入れることに執着はせず、かわりに代えがたい体験やこだわりには出費を厭わない傾向が見られるが[注1)]、その実現を受容してくれる賃貸型住宅が持ち家の代替物になっていく可能性も考えられる。また、彼らの働き方も多様化している。ノマドワーカーやユーチューバー、デイトレーダーなど、一昔前では成立し得なかった生き方が通用する時代であり、ホームオフィス需要はより一層強く求められるだろう。生活の一部に無理なく生業を位置づけている彼らにとって、直接的なオフィス空間は必要なく、住居空間に小規模なワークエリアさえあればよいともいえる。そうしたICT駆使のライフスタイルを実現すべく、これからの集合住宅デザインに求めるべきは、各種IoT[注2)]機器とのインターフェイス機能の向上と、将来的に導入が可能な設備計画をとっておくことであろう。例えば図1は、現時点で活用が可能な機器事例である。特に宅配ボックスのIoT化は、単身マンションの企画の際には有用であろう。従前のマンションオーナーにしてみれば「こんなきめ細かな対応までしなきゃならないのか」とうんざりされるかも知れないが、いうなれば、次世代のマンションオーナーは、「差配人」を目指すべきだろう。

その昔、江戸時代前―中期頃に本格化した借家経営は、家主

注1）Stylus Global Trends No. 1「今日のライフスタイルがつくる未来のトレンド」：廣田周作、電通報、2016より引用

注2）「Internet of Things」の略称。ネットワーク接続の可能なすべての家電、住宅設備機器を指す。

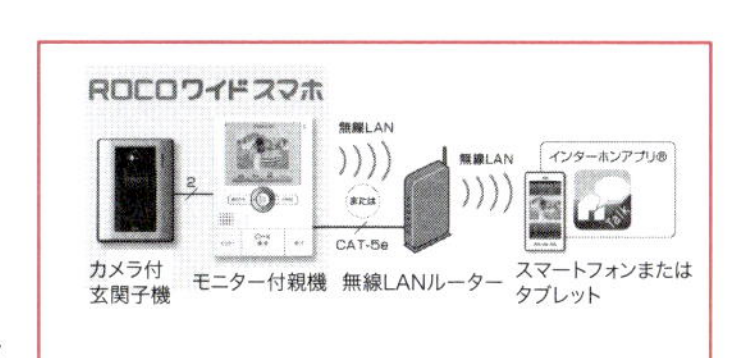

「アイホン ROCOワイドスマホ」：
スマートフォンでの受像が可能なカメラ付インターフォン

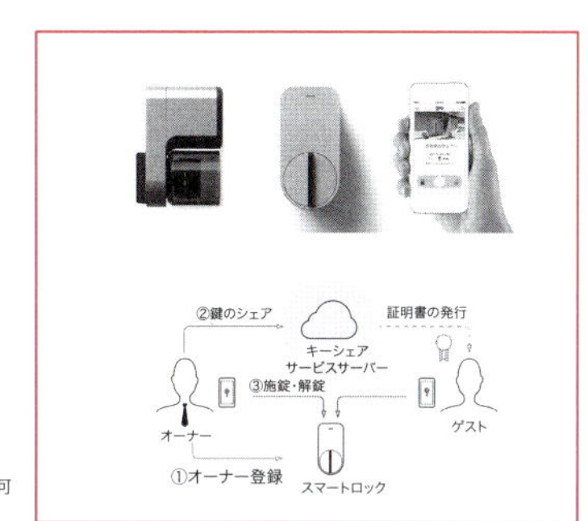

「Qurio Smart Lock」：
共用部テラス・倉庫等の共同鍵をスマートフォンにて解錠・施錠可能なガジェットツール

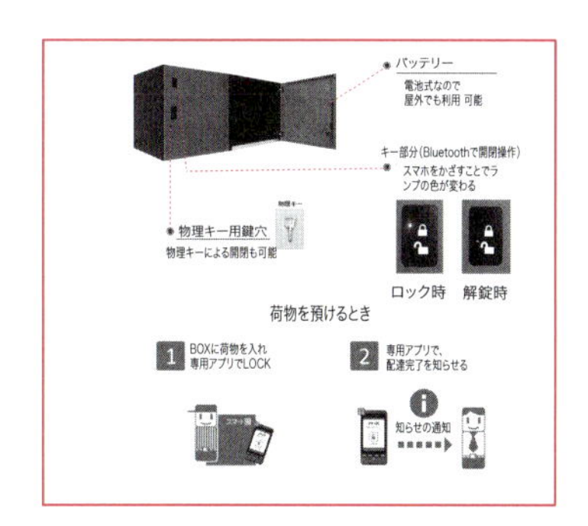

「エスキュービズム・テクノロジー スマート宅配BOX」：
スマートフォンにて配達確認・解錠が可能な宅配ボックス

図 1　集合住宅の住戸・共用部設備の IoT 化機器例

（いえぬし）が直接長屋を管理するのではなく、差配人（さはいにん・さはいさん）が介在し、入居審査や店賃回収、店子の風紀・生活指導なども行っていた。現代でいうと差配人が不動産仲介者や管理会社に相当するが、彼らは客付け[注3]・クレーム対応に必死であり、どんな人を住まわせるべきか、どんなふうに住んでもらいたいかには一切関知しないのが通常だ。ここはひとつ、オーナーが差配人の役割を担うべきだと筆者は思う。オーナーは差配人としてもっと入居者に向き合い、生活像を提案すべきであり、多様な価値観・趣味嗜好を持つ若年層にもっと細分化して訴求し、自らの建築企画のファンを増やすように振る舞うのがよいのではないか。

注 3）入居希望者を実際に部屋に案内し、賃貸借契約に結びつける営業行為のこと。

オーナーの資質とデザイナーの欲目

まずはじめに、決断力とリーダーシップを発揮できないオーナーはマンション事業を興して上手に運用できる資質はないと申し上げたい。筆者はよく、集合住宅事業を始めようとする依頼主と話をするが、彼らが高齢の場合、建設事業の目的は主に節税対策である。これは言うなれば、自用地を有効活用し、土地評価額を下げることで相続税の低減を図り、子の代に難なく相続できれば上出来とする「節税型」の考えである。

一方、若手のオーナーはというと、節税意識にとどまらず、相応の収益を求めており、「投資型」事業として着手する傾向がある。事業性の高そうな土地を探し、土地と建物の用度金を金融機関からの借入によって賄うことが多いが、自己資金額の多少に関わらず、相当な労力とリスクが伴うので、血気盛んな若手しかできないのは当然であろう。そこで問題になるのは、この若手が企画のリーダーシップをとれるか否かである。若手が実質上のオーナーであり、企画のリーダーであるべきところが、土地建物・融資契約の名義を親に設定する場合、自ずと発言権やリーダーシップは名義人の親に移ってしまって、設計の打ち合わせはおろか、企画全体の舵取りもできなくなってしまうことがある。こういうケースはほとんどうまくいかない。名義上は親の持ち物であっても、依頼者が実質的なオーナーであり、確たる決断力とリーダーシップを発揮すべきである。

また設計者・デザイナー側の姿勢としては、オーナーが上記のような個人事業主である場合は、家族内で誰が最終的な意思決定者か明確に見極め、その人物に的確にアプローチするよう心がけるとよい。家族間の意見相違に右往左往しているような若手オーナーが相手ならば、何度打ち合わせをしても徒労に終わるので、即刻、設計依頼を断るべきである。設計者は、限られた土地与件・予算の中で最良のデザイン業務を行うことがプロとしての役割であるが、「このクライアントでこの企画をうまく回していけるのか?」という第三者視点をもって取り組むべきであるし、時にはオーナーに手厳しく指摘できるくらい懐に飛び込んで協働しよう。また仮に、オーナーが融資審査に落ちたら、自分が代わりに名乗り出ようというくらいのスタンスでいたほうが、実際企画も設計もうまくいく。そうした切れのある「欲目」を持つことも、設計者・デザイナーには必要である。

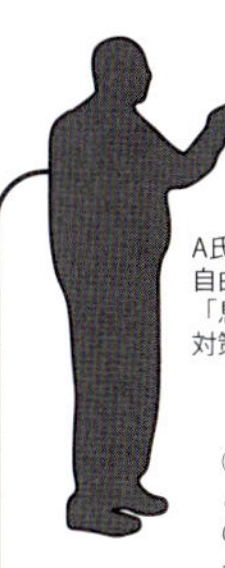

「節税型」オーナー

A氏（75歳）：持家(土地・建物)の他に、自由に活用できる自用地がある。
「息子たちの代に資産を引き継ぐため相続対策としてマンション事業始めたい」

○家長として家族間の意見の相違をまとめる能力と強い意志決定権があるので、自ずと企画を進める上でのリーダーシップを発揮できる。

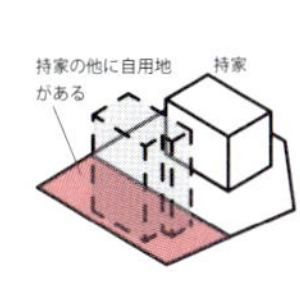

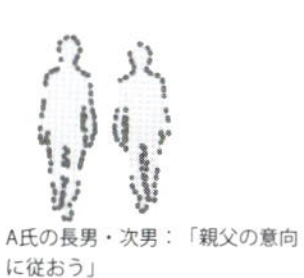

○事業の目的を明確に持っている相手に的確にアプローチできる。

○設計専門職としてサポート役に徹することができる。

設計者・デザイナー

○家族内で誰が最終的な意思決定者か明確にしてもらい、的確にアプローチする。

○オーナーが一部借入金にて事業費を賄う場合、金融機関の事業ローン審査に通りうるのかを最初に判断する。毛頭実現不可能な建築相談には安易に応じないようにする。

「投資型」オーナー

B氏（42歳）：自用地がない。
「親の名義の自宅を担保にして金融機関から融資を受け、新たに土地を購入し、そこでマンション事業を始めたい。

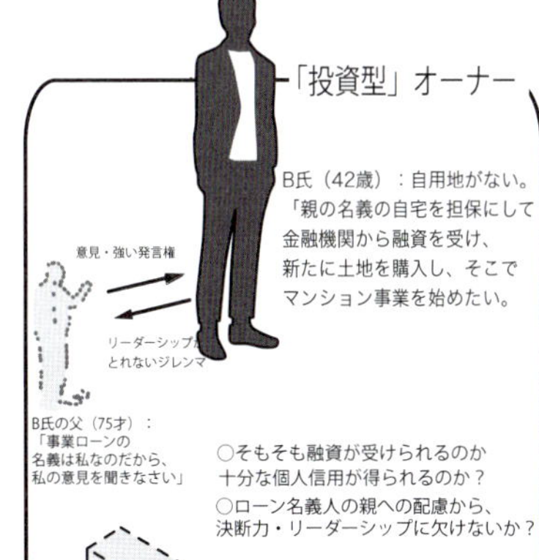

○そもそも融資が受けられるのか十分な個人信用が得られるのか？
○ローン名義人の親への配慮から、決断力・リーダーシップに欠けないか？

図１　オーナーとデザイナーの関係を構築する

1.7 よいパートナーを探すべし

オーナーとして新たに事業に着手しようとする場合、まずは家族に相談し、事業の目的や返済計画、竣工後の運営や出口戦略などについて、一通り合意を得てから進めるべきである。金融機関からの融資を受けるならば、融資契約の名義人・保証人の理解が得られないと事業資金が確保できないので、特に念入りに説明をする。親や名義人の完全同意が得られぬまま、見切り発車的に事をすすめるオーナーが案外多く、後々企画倒れになるケースが目立つので徹底すること。

次に相談すべきは、不動産仲介者・管理会社だろう。チェーン展開している大手仲介者であれば、各地域内で8社くらいは見つかるはずなので、面倒がらずに各社の店舗に足を運び、地場の賃貸物件の市況や問題点についてヒアリングし、企画の方向性に対するセカンド、サードオピニオンを得るとよいだろう。中には熱心で気の合う仲介者が数社は見つかるはずなので、企画段階から諸々相談を持ち込むとよい。彼らは新築、特に注目を集めるアイデアマンションについては意欲的に専任仲介（物件仲介権の囲い込み）をしたがるので、オーナー側にその気があるとわかれば、早い段階からパートナーシップが組めるだろう。

また、企画遂行を自分でやらないならば、彼らを通じて不動産コンサルティング会社を紹介してもらってもよいが、業務内容としてはオーナーと設計者・デザイナー間でやりとりすればできることが多いので、必ず相談すべき相手でもなかろう。また、本書で対象とするのは、主に個人事業主として扱う500～2000㎡程度の中規模集合住宅であるから、プロジェクトマネージャー（PM）やコスト管理者（CM）、アセットプランナーなどの専門家の手も特に必要としない。

3番目の相談相手は、設計者・デザイナーである。不動産仲介者などから紹介してもらうのもよいが、①好みのデザインをしてくれるか、②企画のパートナーとしてアイデアを持ち合わせているか、③コスト意識・事業性への厳しい目を持っているか、この点について見極めて付き合うとよいだろう。無難な設計納品さえしてもらえばよしとする姿勢では、もっとも重要なパートナー選びに失敗することになるので、デザイナー事務所のポートフォリオ（設計実績）やHP・建築専門誌などへの作品紹介を見て、じっくり選ぶべきであろう。

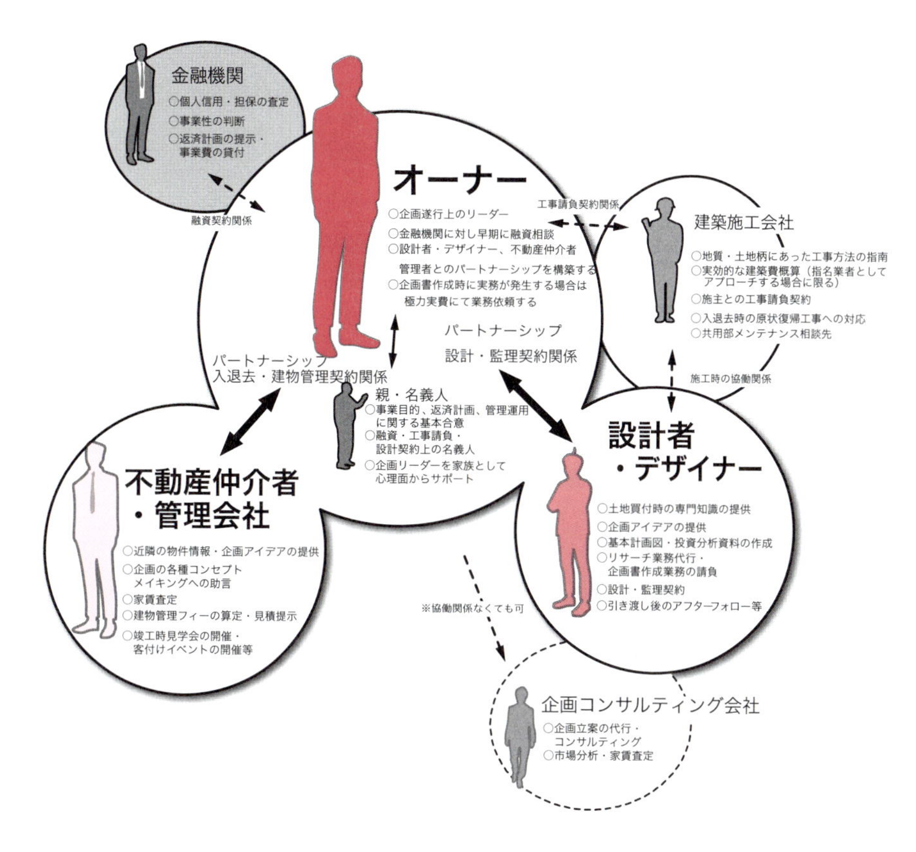

図1　企画のチームづくりをしよう

上記の「オーナー」「不動産仲介者」「デザイナー」の３者で企画のコアチームをつくり（図1）、オーナーは適宜２者・３者間で情報のやりとりをしながら、２章で示す企画書づくりにとりかかる。さしあたりこの企画書が事務的に必要になるのは、金融機関での融資査定時であるが、その際は、設計者・デザイナーを通じて、建築施工会社から工事費用の概算を提出してもらうことになる。施工会社としては概算であっても手間がかかる業務であるため、工事請負契約の相手として「指名扱い」とする必要もあるだろう。競争入札すなわち相見積形式でなくなるため、コスト低減に苦慮するかもしれないが、事業資金を融資に頼る場合は致し方ないとも言えよう。

1.8 コスト・利回り・健全性

集合住宅の事業モデルを興す際にかかる、トータルの費用を総事業費（TPC：Total Property Cost）と呼ぶ。この内訳は、表1の通り、建物建設の工事費に諸経費を加えた「建設費」と、消費税を含む各種手続き保険料などを積み上げげた「創業費」からなる。創業費は、企画当初からわかっているものと、建築計画がある程度進んだ段階でないと判断がつかない費目があるが、総事業費を概算するにあたっては、消費税率8%として、建設費の約120～123%を目安とするとよい。将来的に消費増税になれば、自ずとこのパーセンテージがあがる。仮に消費税10%においては、建設費の125～128%となることが想定されるので、税率引き上げのタイミングに及ぶ場合は、特に注意されたい[注1)]。

注1）ご存知の通り、テナントや事務所建築と違って、福祉施設や住宅建築は、創業年度の消費税還付が受けられないため、税率変動によって、単年度投資利回り率は低下する。あわせて昨今の建築費の高騰を背景にすると、採算性を確保するのが困難になりつつある。

利回りとは、事業の事業性・健全性を示すひとつの指標である（図1）。自用地を活用する「節税型」の場合、「単年度賃料収入の合計÷総事業費×100%」で算出した値であり、これを8～11%程度を見込める企画にするとよい。

また、土地も含めて投資対象とする「投資型」では、「単年度賃料収入の合計÷（総事業費+土地代）×100%にて算出し、5～9%程度を目指したい。4%以下では恐らくは融資査定に通らないし、万一貸付を受けられたとしても、月々の返済はおろか、固定資産税の支払いもままならず創業後数年は赤字経営を覚悟せねばならないだろう。しかしながら、昨今の建築費の高止まりや、都市部の土地値の高騰、住戸賃料をめぐる過当競争などが複合的にはたらき、首都圏や核都市近郊では、総資産利回り5～6%程度でも断行するケースが多く見られる。ポスト・オリンピックイヤーに向けては、相当うまい企画内容にしていかないと、投資の健全性が得られにくくなるだけでなく、中長期の採算性確保が困難になると言える。

こうして「節税型」と「投資型」を並べて見てみると、後者のほうが時代の流れの中では圧倒的にリスキーであり、不確定要素が多いといえる。したがって「投資型」集合住宅は、ある種の出口戦略を事前に持っておくか、家族の有事の際の、大きな出費に備えた「札束の代わり」として捉えておいたほうがよいと筆者は感じる。せっかく苦労して建てたものを、数年で売却するのは忍びないと思うならば、「投資型」であっても高利回りを狙える企画にするか、安値かつ収益性の高い土地をじっくり探すのがよいだろう。

表1　総事業費（TPC：Total Property Cost）の概算

総事業費	区分	区分	項目	概算
総事業費 消費税8%として 建設費×1.20～1.23 消費税10%として 建築費×1.25～1.28 が目安となる	建設費	工事費	共通仮設工事	工事費の7～8%
			建築工事	同上、50～60% 内訳：躯体・内装・サッシ・金物・ガラス・塗装工事
			電気工事	同上、8～9%
			給排水ガス工事	同上、8～9%
			冷暖房換気工事	同上、4～6%
			昇降設備工事	適宜
			屋外工事	同上、1～1.5% 内訳：造園・舗道切り下げ・街路樹移設など
			現場諸経費	同上、5～9%
		諸経費	意匠・構造・設備設計監理費	工事費の10%
			ボーリング・測量・電波障害調査費	適宜
			近隣対策・電波障害対応	予備費
			建築確認・適合判定申請料	適宜
			電力・ガス・水道負担金	
			イニシャル広報費	オリジナルパンフレット・HP製作等 創業年度の客付けに必要
			モデルルーム構築費	物件写真撮影用の家具・照明器具・生活用品等　メディア対応上、必要
	創業費		消費税	本体工事費＋建築諸費用の8%
			融資保証料	適宜
			火災保険料	
			登記料	
			不動産取得税（建物）	
			工事期間中金利	借入金にて期間中支払をする際の金利
			印紙税	適宜
			抵当権設定費	金融機関での担保設定時に必要
			登録免許税	

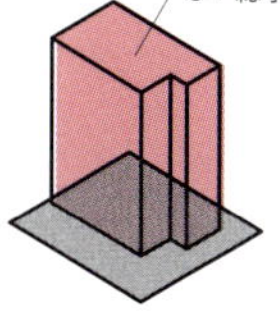

節税型 利回り

$$Q = \frac{T}{S} \times 100\%$$

※表面利回りともいう。
総事業費のみで算定
（土地代を含まない）

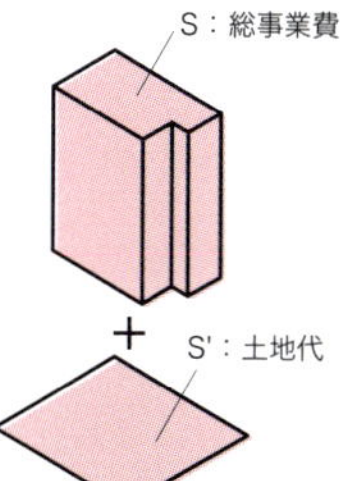

投資型 利回り

$$Q' = \frac{T}{S + S'} \times 100\%$$

※総資産利回りともいう。
総事業費+土地代にて算定

図1　利回り算定式

1.9 ながく持つための注意点と手間

これから新築しようとする新米オーナーや、中古リノベーション物件を入手しようとする人は、建物をながくもたせるための注意点と手間について理解しておいて頂きたい。入退去時の原状復帰くらいだろうと思っていると、引き渡し後15～30年でやってくる建物の「大規模改修」で思わぬ出費に苦慮するからだ。図1に、費用と手間の大きいものをあげて図示している。

まず住戸部分では、生活排水に関わる更新が悩ましい。住戸内の排水管は、各住戸の原状復帰工事の際に済ませてしまえばよいが、古い建物などで見られる「床下排水」形式だと、直下階住戸にも立ち入って工事を行う必要があるので、工事期間中の補償について金銭を求められる場合もある。またPS（配管類をまとめて筐体に収める場所）へのつなぎ込み不良が出た場合は、PS自体を壊して手を入れるので手間と費用は大きい。またバルコニー床の塗膜防水も、入居者の扱い方によっては短期間で捲れ・防水切れが生じる。サッシは古くなるとメーカー製造中止になり、製品として入手ができず、オーダー製作しなければ対応できないこともある。

次に共用部分で悩ましいのは、排水縦管（本管）のメンテナンス・更新工事である。工事期間中は、各管ごとに、上下階で繋がっている全住戸の生活排水を止めなければならず、つまり入居者の退避補償もしなければならない。対象となる竪管が複数あり、それらすべてを更新すると考えると家賃収入で投資回収するのにはさらに2～5年はかかるだろう。これは投資効果が薄いうえ、トラブルが発生したら即対応を迫られるので余計に悩ましい。

また意外に費用がかかるのは、屋上・外壁の劣化更新である。屋上防水にはアスファルトシート等によるシート防水方式をはじめ、打設コンクリート自体に防水性のある方式（タケイ進化コンクリート）など、様々な手法があるが、防水性能を維持できるのは長くて15年であり、安価な塗膜防水方式だと7～10年で更新が必要だろう。外壁については、塗膜剥離や壁面亀裂からの浸水により、構造体の劣化を誘引するため、見た目はともかく水の問題から対処が急務といえる。タイルや石板張りは、見た目にも美しく、汚損が目立たないので外壁仕上げとして多用されているが、仕上げ内のコンクリート躯体の亀裂や浸水状況が視覚的に確認できない点で危うさを

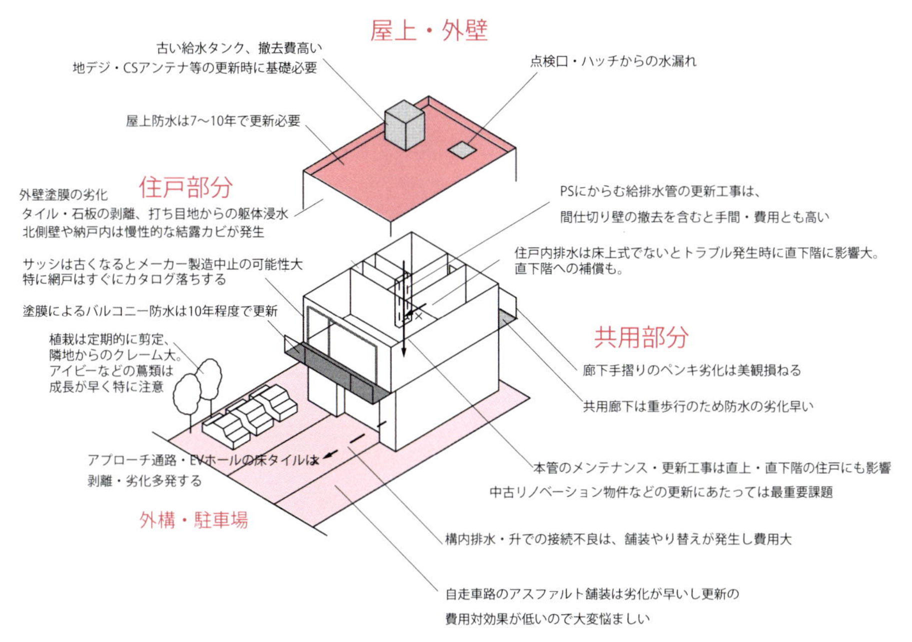

図１　賃貸集合住宅を「ながく持つ」ための注意点

表１　入退去時の修繕・原状復帰工事の項目一覧

退去時の基本クリーニング
煙草ヤニ・ステッカーあと等のクリーニング
エアコン・設備機器のクリーニング（専門業者を手配）
納戸やクローゼットのカビ落とし
浴室・洗面台・排水管のつまり清掃
備え付け照明機器のバルブ交換
玄関鍵・シリンダーの交換（スイッチング）
駐車場等の銘板交換
壁紙・巾木・フローリングの張替え又は一部補修
畳表の張替え、畳の取替え
ドア・建具・枠など木建具の補修および再塗装
破損網戸・ガラスの交換
バルコニー手摺り等の再塗装
壁紙下の石膏ボード補修または張替え
下足スペースの床タイル張替え
室内造作物の原状復帰（大工工事）
排水管洗浄・交換
給湯器・熱源機の交換
給水・ガス管等の交換

※一般的な発生頻度の順で列記してある

もっている。また部分剥離の際の更新では、新品と既存タイルの色違いが生じ、かえってみっともなく見えてしまうこともある。

外構・駐車場では、台車利用や靴履き状態での重歩行の影響から、アプローチ通路の床タイルの剥離・劣化が多い。また自走車路・駐車場のアスファルト舗装は、駐車時の切り返し等で25～35年で劣化するが、これも費用対効果が低いため、更新するか否か、悩みどころとなる。

以上のように、集合住宅を中長期で運用すると、思わぬ出費を要する局面が必ず到来する。こうした更新期をうまく乗り切るべく、無理のない事業計画の立案につとめ、できるだけ多くの剰余金を捻出し、修繕費・大型改修費に充てていただきたい。また、昨今、中古の棟売りマンションをリノベーションして運用する向きが多いが、上記のような「排水」「防水」に巨額の投資を要することを念頭において、買付け判断しないと、必ず失敗する。

最後に、住戸の入退去時の原状復帰についてであるが、インテリアの仕様によってどこまで直して貸すか、入退去のつど、管理会社と相談して決めるとよい。基本的には、表1に示した項目を想定しておく。

2 — 土地の現状把握と将来像

2.1 企画を立てる前に必要なこと

本節から具体的な企画書の書き方について解説していく。

企画の骨子をなす要素として筆者がよく用いるのは図１中にある５項目「ＴＰＣＢＬ」（それぞれターゲティング、ポジショニング、コンセプトメイキング、ベネフィット、ライフタイルシミュレーション）であり、本書ではまとめてＴＰＣＢＬ分析と呼ぶこととする（筆者は愛着を込めてトップシーブルと呼称している）。この図の「２つの渦巻き」は、それぞれアイデアを練り上げて収斂する渦と、実際の建築計画へと発散する渦から構成されている。この概念モデルは、マンション企画のような、多くの条件を複合的に評価して特殊解を得たい場合に有用であるので是非活用されたい。

また企画立案の際に、上記ＴＰＣＢＬの５項目を明確にしていかないと、途中で迷いやミスリードが生じる。MBA 教育カリキュラムなどでは、「ＳＴＰ」（それぞれセグメンテーション、ターゲティング、ポジショニング）の３項目を挙げ、経営戦略の手法を立てる訓練を行っているが、マンション企画の場合、売り物が単体の建物であり、大量に市場流通する商品ではないので、Ｓのセグメンテーション（消費動向から見た標的の細分化）は不要である。そのかわり、イメージ創出と連関させる２項目、つまりＢのベネフィットと、Ｌのライフスタイルシミュレーションを加え、企画の中心的なパッケージとし、建物をつくる者同士で、意識と理想の共有を行うツールとする。特に不動産仲介者にとっては、こうしたキャッチーな夢やイメージが描けるだけでも客付けしやすいし、彼らの業務実態を看取するに、物件への案内意欲も向上しているように窺える。

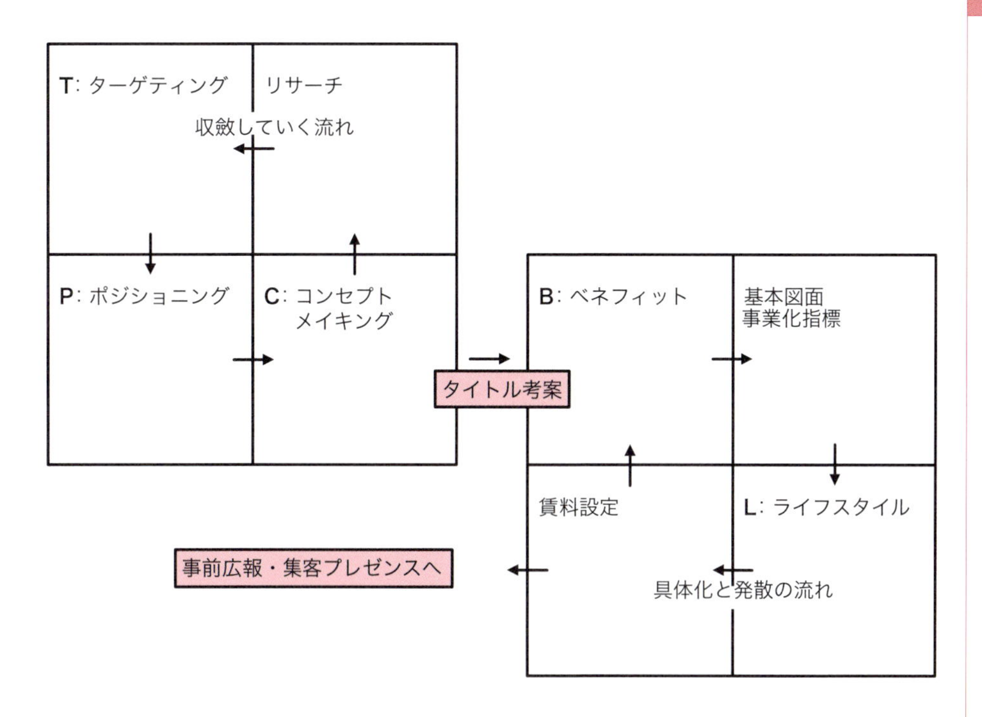

図１　ＴＰＣＢＬ分析と思考の「２つの渦巻き」

この5項目に加え、さらにいくつかのデータ項目を揃え、企画書の体裁をとることとする。表1に示すのは、本書にて推奨する企画書の内容一覧である。◎は必須項目、○は推奨項目で適宜必要に応じて揃えるとよい。各項目の着手順序は特に決まりはないし、オーナー・設計者・不動産仲介者の、誰がどこのタイミングで、どう関与していくかはケースごとに考えればよいが、大まかには表中のまとめ方と作成者の欄を参照されたい。この中の基本計画図と工事概算見積書は設計者に、家賃査定表は不動産仲介者にそれぞれ依頼して提示してもらうとよいだろう。また工事概算見積書は、銀行・融資機関でのマンション事業ローンの査定時に必要書類として提示を求められる。

首都圏主要都市部等では、中小規模マンションの事業化コンサルティングを提供する企画会社も数多くあるので、投資分析や賃料設定については業務委託するのもよいだろう。しかしながら、本書でいうＴＰＣＢＬ分析などは実施せず、また、建築のデザイン案についても、基本的には外部委託の設計者に一任するケースが多いようである。

ならばやはりここは、オーナーとして、施主として、ほぼ半世紀の人生を共にする新たな「稼族」を産み出す意志を固め、自身が納得のいくまで、じっくり綿密に企画を立てたほうが魅力的なものになるはずであるから、面倒がらず本書の通りに挑戦して頂きたい。また実際に冊子化するにあたっては、設計者と相談し作成依頼すればよいし、投資型マンションの設計依頼では、設計はしてみたものの、施主の融資倒れ・土地流れなどで敢えなく現業化できずに終わるケースが多いため、設計者はそれらのワークを業務としてどんどん受注するとよい。。

表1　企画書に必要な内容一覧

要素項目		要点	まとめ方	作成者	必須／適宜：◎／○
タイトル	企画名称あるいは建物屋号	TPCBLがある程度固まったら名前をつける。名称のない企画は途中でぶれやすい。	誰もが読めて、愛着がわくわかりやすい名称をつける	誰でも可	◎
ベーシックリサーチ	敷地与件の整理	土地の素性を明らかにし、本事業の真価を見極めるデータを揃える。	地図にプロット	同上	◎
	地域環境との関係	最寄り駅・交通アクセシビリティ・近隣の公益施設・小店舗・商業圏との位置関係を把握し、住みやすさを図に示す	同上		◎
	競合物件調査	周辺の競合物件の型式と面積、実勢家賃を地図上に並べて俯瞰する。	物件ごとに地図にプロット		◎
	タウンスケープ	街の雰囲気や景観を観察し、どういうデザインだったら連続性と優位性を担保できそうか分析する。	ベーシックリサーチの地図に加筆するなど		○
アドバンストリサーチ	住戸→オフィス転用実態の調査	企画の差別化・特異化の糸口として、事務室代わりに居住用住戸を借りる傾向・実態をさぐる。	簡潔な表・文書などにまとめる	同上	○
	「ペット可」等の特殊事例の調査	ペット可の周辺物件について、共生可能なペットの種類・サイズ・頭数・契約条件・住戸の対策仕様について調査する。	同上		○
	駐車場完備率の調査	周辺物件の駐車場完備率の実態・月極駐車場の有無・自治体の「自動車駐車場の附置義務台数」について調査する。	同上		○
TPCBL分析	T：ターゲティング	最も訴求すべきターゲット（入居希望者像）を決める	項目ごとに文書・図にしてまとめる	同上	◎
	P：ポジショニング	周辺の他物件と比べ優位な立ち位置を見つけるべく、ポジショニングマップをつくって検討を行う。			
	C：コンセプトメイキング	考案中の企画の芯がぶれないよう、簡潔な文章でコンセプトを立てる。			
	B：ベネフィット設定	他物件と比べて「見える付加価値」と「見えない付加価値」が何かを明確に示す。			
	L：ライフスタイル・シミュレーション	建物の図面や建築模型・パースにキャプションを加え、住み方の解答例を示す。	設計者の図面・パースを拝借しイメージボードにする。	設計者に依頼してもよい。	
事業化指標	資金計画	担保、自己資金、融資機関への借入金額、ローン期間、返済金利を策定する。	事前に融資期間と協議し投資分析表などに含める。	オーナー	◎
	投資分析	TPC（Total Property Cost）、GPI（Gross Potential Income）、NOI（Net Operation Income）の算定、投資効果と利回りを試算する。単年度分析でも長期キャッシュフロー試算表でもよい。	表計算ソフト等で作成。	誰でも可	
	家賃査定	近隣の不動産仲介者から家賃査定書を提出願う。複数とる。	不動産仲介業者に依頼。	同上	
基本計画図	基本図面	敷地配置図、各階平面図、立面図、断面図など	設計者にて作成。	設計者	◎
	パース・イメージスケッチ	外観パース、室内パース、イメージスケッチなど			
	概算見積書	融資審査向けに概算見積が必要。			

敷地まわりをリサーチする

まず手始めに、2.1節の表1であげたベーシックリサーチを進めてみよう。図1の通り、①敷地与件の整理、②地域との関係、③タウンスケープと競合調査である。①の「敷地与件の整理」の狙いは、本事業の真価を最初に見極める重要なデータを揃えるために、計画敷地の素性を明らかにすることである。土地の広さや間口長だけでなく、用途地域・防火地域別・高度制限・斜線規制・前面道路の幅なども詳しく見ておく。また計画敷地が都市計画法上のがけ条例にかかっていないか、地下鉄軌道上等の荷重制限にかかっていないか等も、規模計画の上限を決める要因になっている。土地購入の検討にあたっては、設計者に相談してみるとよい。

また他に重要なものとしては、隣地との関係についてである。建築基準法・民法では隣り合う建物相互に守るべき条法（集団規定などと呼ばれる）があり、地域地区別に建物壁面や窓の離隔距離を細かく定めているため、都市計画法上では認められているが、基準法上では隣地に迫って建てられないケースもあり、二重三重のスタンダードに照らし合わせて土地の実質価値を見極める必要がある。また宅地以外の地目の土地を購入する際に気をつけなければならないのが、インフラの引き込み状態の確認である。農地だった土地には当然、ガス管の引き込みがなされていないし、上水の繋ぎ込みには比較的高額な水道負担金が必要になるため、建築事業費に影響を及ぼしかねない。都市部の敷地ならば、舗道の切り下げの有無も見ておくこと。既存のものがあれば流用するのも手である。また既存の上物が建っている場合は撤去費用もあらかじめ情報として得ておくこと。その他、既存街灯や標識などの位置も、工事手間や計画のしやすさを左右する。

表1は、上記の与件とチェック項目をリストにまとめたものである。これらの項目はいずれも設計者が設計初段階に入手すべき情報なので、設計者サイドでまとめて判断してもらうとよいが、投資型マンション事業においては、設計前に土地の真価を見定めて仕込む必要があるため、オーナーサイドでもこのリストと図1および図2を参考にして、値踏みの目を養うべきである。

表1　敷地与件の整理とチェックリスト

	チェック項目	ポイント
❶	用途地域・防火地域	容積率・建ぺい率の上限は用途地域別に制限がかかる。また建物の構造（木造・鉄骨造・RC造）に対する防火性能は防火地域別に建築基準法に基づき規定を受ける。
❷	高度制限・斜線規制・道路幅員	建物の屋根形状や建物規模、最高高さ等に制限を受ける。
❸	角地・中地の別	角地の場合は容積緩和（+10%）されるだけでなく、敷地の2面で道路に接する2面接道のため、歩車分離や住戸の配置計画においてメリットが多い。中地の場合は間口幅の広い方が一般的には計画しやすいし工事手間も抑えられる。
❹	既存電柱の位置	電力柱と電信柱の2種（あるいは併用柱）からの、敷地内への引き込みルートの検討のため確認が必要。また建物の入口となるアプローチや、駐車場進入路の位置の策定のためにも事前に正しい位置を把握しておく。
❺	交通標識・信号機の位置	建物計画上、邪魔であっても信号機の移設は原則許可されない。また交通標識の移設は、進入路確保のため等の事由に限って移設が可能である。所轄の警察署への届け出が必要である。
❻	街灯・サイン灯の位置	近隣商店会などで設置・管理する街灯やサイン灯は、住戸内への光の差し込み軽減などで移設を許されるケースもある。街路灯設置者との事前協議が必要である。
❼	舗道切り下げの有無	駐車場進入路をつくるためには、舗道を一部切り下げる必要がある。この際行政窓口への申請が必要であるが、工事は比較的高額で実費負担となるため、既存の切り下げ部分があればそれを利用する方が経済的であろう。
❽	上下水道・都市ガス引き込みの有無	上水の引き込みにかかる水道負担金は施主負担となる（費用は自治体によって差あり）。都市ガスはガス会社により飛び込み配管の施工まで行ってくれる。また各枝管の引き込み先にてハンドホール・点検口を設けるため、飛び込みルートを考えて建築計画を進める。
❾	ゴミ置き場について	市町の清掃局指針に基づき、住戸数に一定面積を乗じた面積分をゴミ置き場として敷地内（収集しやすい位置）に確保する必要がある。清掃局ならびに町内会との事前協議が必要。
❿	既設塀の有無・状態	計画敷地または隣地に塀があるか田舎を確認する。敷地内に既設塀がある場合は、ブロック塀ならば手間取らないが、基礎入りの頑強なものは、隣地側に立ち入って工事するなど、撤去に苦慮することがあるので、既存流用でもよいだろう。

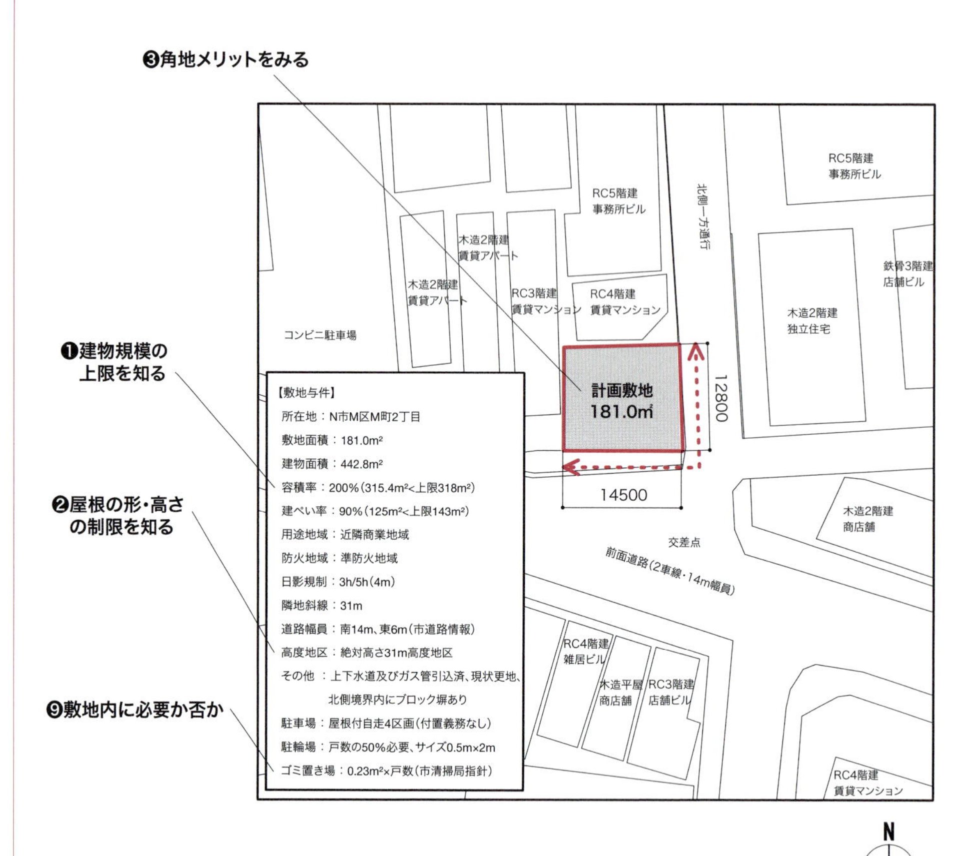

図１　計画敷地周辺のチェック項目

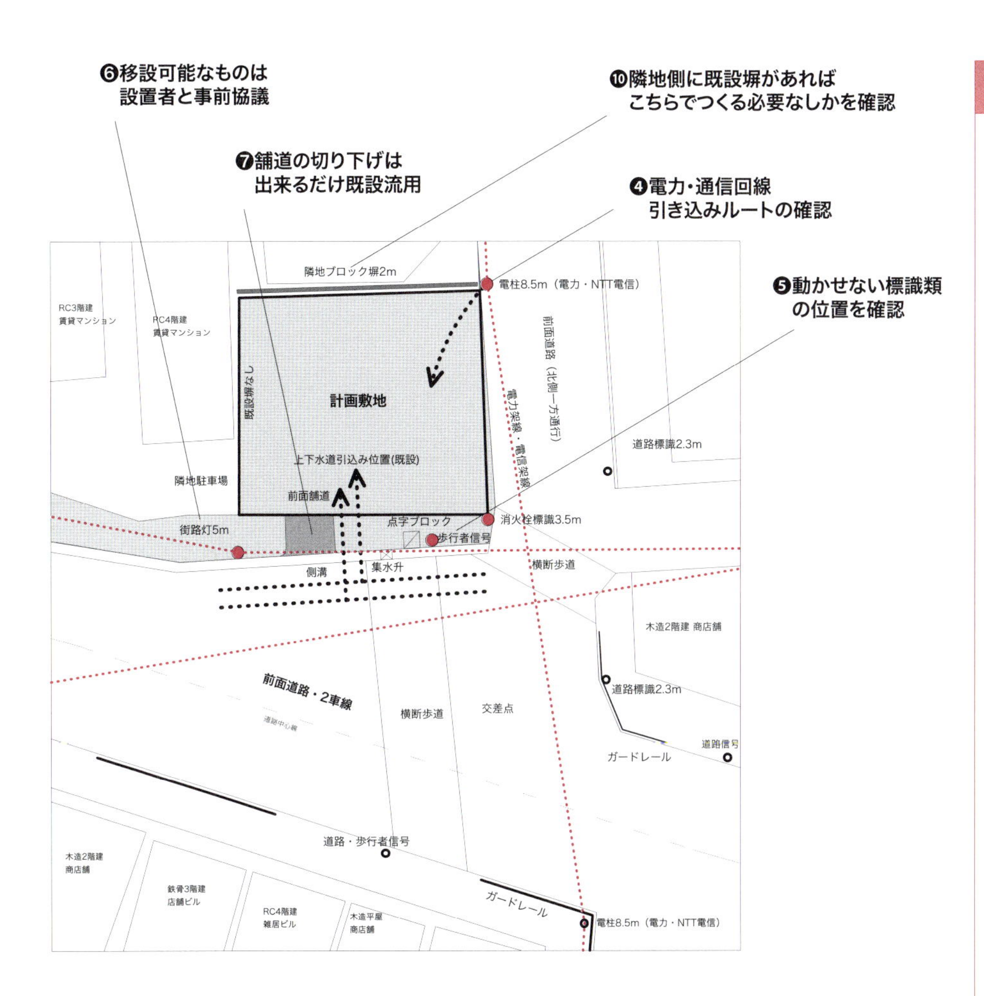

図２　インフラ引き込み関連のチェック項目

2.3 都市環境との関係を図にする

次に前節②の「地域との関係」では、主に客付けと入居後の定着率を左右する分析を行うために重要になってくる。もっとも重要なのは最寄り駅まで徒歩で通えることと、商業圏域まで往復して徒歩で行ける距離にあるかどうかである。これをもっとも簡易に知る方法としては、計画敷地を中心とした徒歩圏域（つまり半径800～900mの正円）と、「おつかい」圏域（半径240～400mの正円）を地図上に描いて判断する（図1）。徒歩速度の目安としては、毎分80mを用いるとよい。つまり240mならば徒歩3分、400mならば徒歩5分となる。前者は不動産物件情報などでよく目にする「徒歩10分」に相当し、最寄り駅に対しては、通勤・通学等で一度に片道移動となるため、10分・800mかけても歩けるならば良しとするが、スーパーやクリーニング店など、日用品を買いに出かける後者の「おつかい」に要する距離は、一度に往復移動となるため、往復で8～10分以内すなわち片道で3～5分・240～400m程度が好まれるであろう。しかし図1のように、最寄り駅からの道すがらに商業圏がある場合はこの限りではない。

地域環境との関係をさらに詳細に分析する際は、最寄り駅や商業圏域との距離だけでなく、バス停など鉄道以外の交通アクセスポイントや、保育所・幼稚園・小中学校・公園・郵便局などの公益施設、銀行・スーパー・コンビニエンスストア・クリーニング店など、個別の商店舗の位置関係を把握し、図に示してみる。具体的には図2に示すように、対象敷地を中心とした地図を用意し、実際に街中を歩いて観察し、箇所をプロットしていく。その際、入居者の視点に立って生活上有益だろうと感じたり、物件の魅力に繋がるような個性的な飲食店・商店なども含めて記録するとよい。移動手段が徒歩に限られるような都市部中心地域では、前者の徒歩圏内に主要駅がないと客付けに相当苦労するが、一方で後者の「おつかい」圏域内に魅力的なスーパーなどがあれば、駅から遠い敷地でも魅力増大に繋がる可能性はある。例えば深夜営業スーパーや、24時間営業のDVDレンタル店舗などは、単身住まいの通勤者にとっては魅力度が断然違ってくるだろう。そうした地理的魅力のバランスを地図上に視覚的に示すことで、後述のTPCBL分析への材料とする。

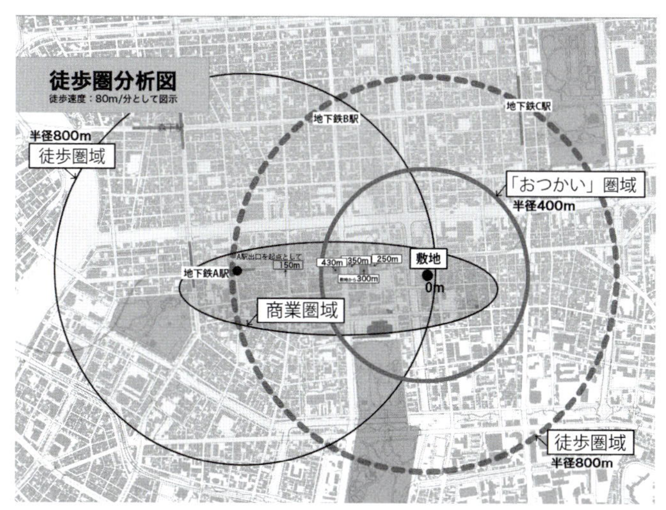

図１　２段階の徒歩圏分析図

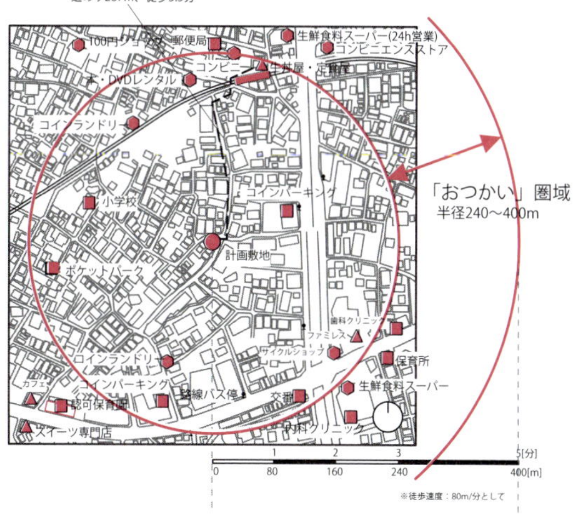

図２　地域環境のプロット図

またいくつか購入希望の土地がある場合は、図１のように、主要駅を中心とした徒歩圏域を複数描いて比較判断する。ひらけている駅前地域では、駅を中心として「商業地域」「近隣商業地域」の順に都計法用途区分がなされており、それらは自ずと地価も高いが、「第一種中高層住居専用地域」などが徒歩圏内にぎりぎりかかっていて、かつ、駅との徒歩コースに商業圏があれば、土地価格を抑えつつ魅力の高い投資型マンションの仕込みができる可能性がある。

近隣の市場リサーチをする

2.1 節であげた「競合物件調査とタウンスケープ」は、住戸の間取り検討と地域オンリーワンの魅力創出のために必要である。企画する集合住宅の主要住戸タイプを決める際、ファミリー型・DINKS型・単身者型・SOHO 利用・オフィス利用・ルームシェアなど様々考えられるが、判断材料としてまずはその地域の競合市場がどういう様相かを知るべきである。図 1 のように、周辺の競合物件の型式と面積、実勢家賃を地図上に並べて俯瞰する。単身者型がほとんどの地域にあえてファミリー型を企画するのか、あるいは周辺と併せつつ優位性を保つ方針でいくのか、またその際の設定家賃をどれくらいにするのがよいかを、これらを並べて判断するとよい。また競合物件調査をする際は、不動産仲介サイト等でエリア別検索するだけでも上記面積等のデータがほとんど収集できる。なお同サイトでは家賃相場等のエリア分析を提示するサービスがあるが、都市部においては駅の西側・東側などでがらっと相場が変わるケースも多いため、あまり当てにならない。こういった平均的なデータは、図 2 のように、他エリアとの比較を行う際にすると地域間比較ができてよい。

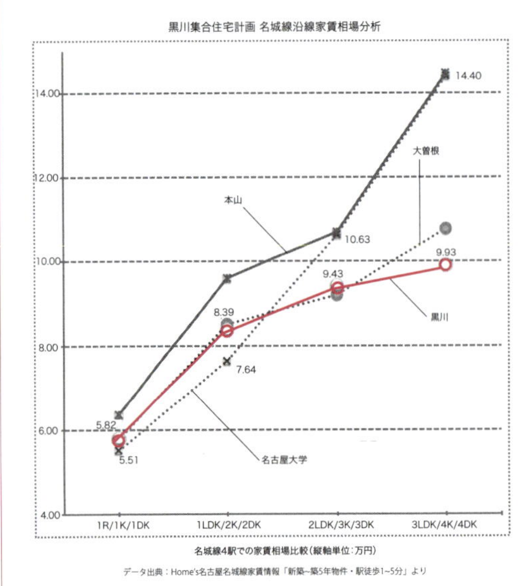

駅名称	1R/1K/1DK	1LDK/2K/2DK	2LDK/3K/3DK	3LDK/4K/4DK
名古屋大学	5.51	7.64	10.63	14.40
本山	6.37	9.60	10.70	14.47
大曽根	5.78	8.50	9.20	10.78
黒川	5.82	8.39	9.43	9.93

○ファミリー市場はほぼ期待できず。実際に周辺物件で2LDK以上は築浅でも賃料12、3万上限と頭打ち。
○メインターゲットは単身者。ワンルーム~1LDKの幅を持った住戸揃えで市場間口を広くとるのがよい。
○愛知学院大学新キャンパス開設で学生需要やや増傾向と看取される。
○しかしながら学生相手に名古屋大学駅エリアと競争するには同程度の家賃設定が必要か。
○栄、中心市街地への通勤者・法人契約者向けには、1LDKクラスのハイグレードタイプを訴求するのが吉か。

図 2　競合する他駅勢圏との相場比較

図１　地域競合データ、タウンスケーププロット

タウンスケープとは、都市の視覚的な景観を把握する技法を示す用語であるが、ここでは難しく捉えず、街の雰囲気を言葉で表現し、地図上に注記する程度でよい。例えば図３～図５のように、散歩に楽しいポイントや、数多くあるワインショップめぐりのタウンマップにしてもよいだろう。その他、この通りは植栽の連続が美しいとか、レンガタイルの外装建物が続いているなど、街の様相を面で捉える言葉を列記していくとよい。街の景観は面の繋がりでできているので、この関係・連続性を大切にしたほうが美観上優位であるが、同時に個性を出すためには次にどうしたらよいかを見つける手立てとなる。投資型マンションの企画ではあまり重要視されていないのだが、住み手つまり借り手にとっては、建物の外観やエントランスの趣なども入居を決める重要な要素になっているため、街の連続性を保ちつつ、住処としての趣を得るためのデザイン案の検討に後々役立つ。

図３　タウンスケープ　代表的ポイントをプロットする

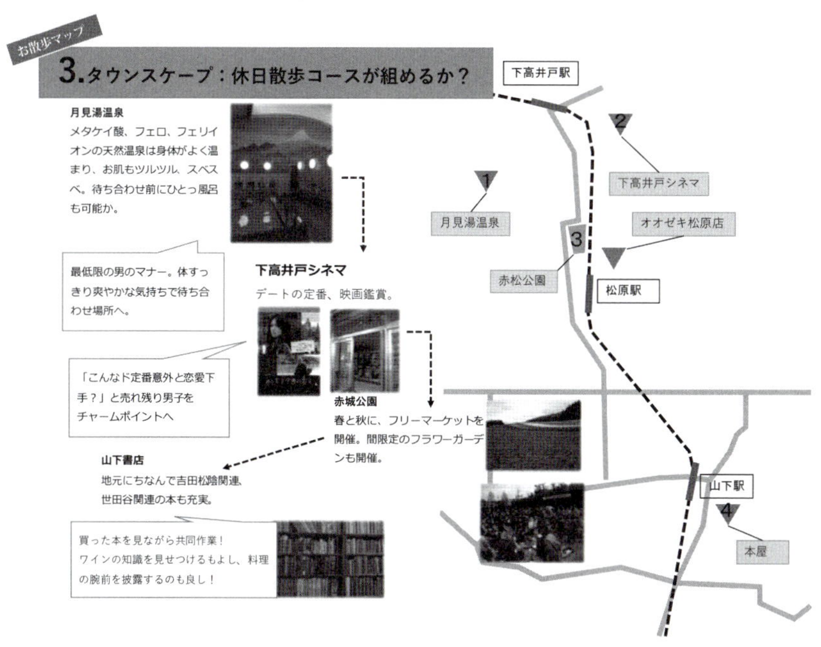

図 4　タウンスケープ　散歩コースの検討

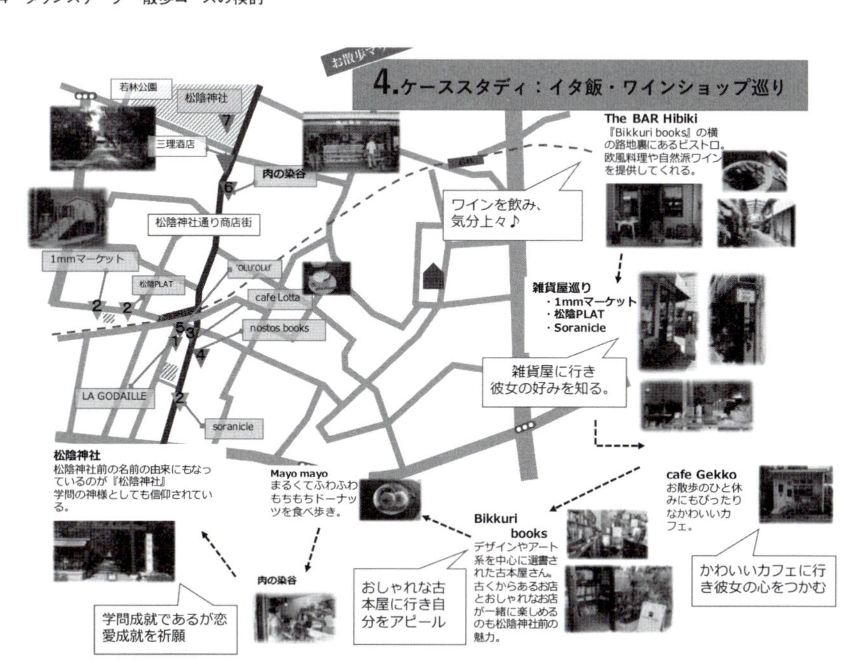

図 5　タウンスケープ　イタ飯・ワインショップ巡り

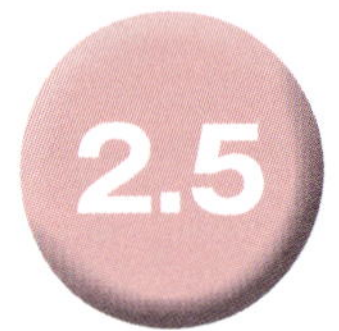

2.5 オフィスへの転用実態を知っておく

折角新築でマンションを建てるのに、周辺事例と同様な企画では差別化・特異化が難しいが、打開の糸口として、①一般住戸のオフィス転用実態、②ペット共生事例の調査、③楽器演奏の可否、④駐車場・駐輪場の完備率をざっと調べておくとよいだろう。近年特にオフィス需要の低迷が指摘されている一方で、中小事業者などは保証金の割高なオフィス専用テナントを求めず、事務室代わりに居住用住戸を借りる傾向にある。その実態がどうなのかをさぐるべく、①の転用調査を行う。これは大変根気を要する作業であるが、協力的な地域の不動産仲介者にヒアリングをし、大まかな動向を探る程度でもいいだろう。表1に示すのは、都市部にある特定3物件（38住戸分）の、過去13年分の住戸の使用実態の推移を示したものである。

築年数の古い「物件A」では、近年の低家賃化から単身赴任者等の法人借り上げ住宅として客付けをしていたが、結果、1～3年の短期契約が増えてしまった。そこで一部の住戸をリノベーションし、オフィス・住宅兼オフィス需要に応え、定着率の向上を図っている。

「物件B」および「物件C」は、それぞれリーマンショック前後に計画された。この時期はマンション供給過多の傾向があり、企画の差別化ポイントとして、オフィス・住宅兼オフィス需要に柔軟に応えることとされており、近年の傾向を見るに、契約・定着の長期化をしっかり果たしている。

これらはいずれも45～70㎡、1LDK～2LDKクラスの居住用住戸として建てられているが、近年では居住専用として使うケースよりも、企業の支店・営業所オフィスとしてや、特殊機器のショールーム、NPO等の地域活動拠点、デイケアサービスセンターとして用いているケースも見受けられる。

こうしたスモールオフィスは1DK～1LDKクラスの住戸が主な受け皿になるだろうと思われがちであるが、執務・応接と同時にストックヤードを確保する観点で、ファミリータイプ住戸のほうが使い勝手の面でもよいとされているので参考にされたい。また今のデジタルネイティブ世代が労働者層になったとき、住戸をどのように使うのかという点も併せて念頭におくとよい。彼らの活躍する近い将来では、

表1　住戸の使用実態の推移（賃貸借契約上の法人・個人別は問わず）

同一地域内の3物件の概要	号室	80年代	90年代	2004	2005	2006	2007	2008	2009	2010	2011	2012	2013	2014	2015	2016	2017	傾向
物件A 概要：RC4階建 築年：1979年 構成：賃貸型2LDK 全16戸 備考：全戸駐車場付き	101	住宅利用	住宅利用	住宅利用						住宅利用		住宅利用			住宅利用			和室を含む全住戸同一間取りにて、計画当初より住宅利用を主目的として建設されており、室内仕様も居住以外での利用は想定されていなかったため、オフィスあるいは併用利用の傾向があまり看取されない。 また築年数の古さから、2000年代以降から月極賃料を低く設定し、転勤者や単身赴任者向けの借り上げ住宅としての需要に応えてきた。しかし連鎖的に短期契約が目立ってきている。一部試験的にリノベーションした住戸では、オフィス・住宅兼オフィス利用が見られ、定着率に繋がっている。
	102	住宅利用	オフィス	住宅利用					住宅利用					住宅兼オフィス利用				
	103	住宅利用	住宅利用	住宅利用							オフィス利用		住宅利用					
	105	住宅利用	住宅利用	住宅利用						住宅利用					住宅利用			
	201	住宅利用	住宅利用	住宅利用										空室	オフィス利用（事業所）			
	202	住宅利用	住宅利用	住宅利用	住宅利用													
	203	住宅利用	住宅利用	住宅利用			住宅利用						オフィス利用（保管場所として）					
	205	住宅利用	オフィス	住宅利用										住宅利用			空室	
	301	住宅利用	住宅利用	住宅利用				空室	住宅利用		住宅利用				住宅利用			
	302	住宅利用	住宅利用	住宅利用		住宅利用							住宅利用					
	303	住宅利用	住宅利用	住宅利用	住宅利用		住宅利用		空室	住宅利用		住宅利用			住宅利用			
	305	住宅利用	住宅利用	住宅利用					住宅利用							住宅利用		
	401	住宅利用	住宅利用	住宅利用									住宅利用	住宅利用				
	402	住宅利用	住宅利用	住宅利用		オフィス利用（事業所）			住宅利用								住宅利用	
	403	住宅利用	住宅利用	住宅利用					住宅利用				空室	住宅利用			空室	
	405	住宅利用	住宅利用	住宅利用	住宅利用		住宅利用						住宅利用	住宅利用		住宅利用		
物件B 概要：RC5階建 築年：2004年 構成：賃貸型1-2LDK 全12戸 備考：全戸駐車場付き 賃料・共益費別	101			オフィス利用（デザイン事務所）														2002年以降の景気拡大期に乗り、住宅に特化しない戦略で計画された物件。室内仕様に書斎・ワークスペース等のコーナーを設えることで、オフィス・住宅兼オフィス需要に応えてきており定着率も高い。全室でオフィス利用化ではあるが、低層部分に需要は集中している。
	102			空室	オフィス利用（教室）			住宅兼オフィス利用（サブオフィスとして）										
	201			住宅利用		空室	住宅利用		住宅利用				オフィス利用（ネイルサロン）					
	202			住宅利用						住宅利用								
	203			住宅兼オフィス利用（学習塾）														
	301			オフィス利用（事業所）				住宅利用					住宅兼オフィス利用（事業所）					
	302			住宅利用			住宅利用								住宅利用			
	303			住宅利用						住宅利用	住宅利用							
	401			住宅利用														
	402			住宅利用					住宅利用									
	403			住宅兼オフィス利用（サービス業）					住宅利用									
	503			住宅利用														
物件C 概要：RC5階建 築年：2013年 構成：賃貸型1-2LDK 全10戸 備考：全戸駐車場付き 賃料・共益費別	101												住宅利用					リーマンショック後の景気回復期かつ消費増税前に計画された物件。デザインマンションとしての差別化としてオフィス利用を主眼とした室内仕様と立地戦略で活路を見出している。
	102												オフィス（事業所）	住宅兼オフィス（通信系）				
	201												オフィス（地域サービス拠点）					
	202												住宅利用	住宅兼オフィス利用（サービス業）				
	301												住宅利用					
	302												住宅利用	住宅兼オフィス利用（デザイン事務所）				
	401												住宅利用					
	402												住宅利用	住宅利用			住宅利用	
	501												住宅利用		住宅利用			
	502												住宅兼オフィス利用（ギャラリー）					

※本データは同一地域内に計画された賃貸型集合住宅3棟・38住戸分の実績に基づいて作成されている

凡例：住宅利用　オフィス利用　住宅兼オフィス利用

働き方や雇用環境も在宅・テレワークがますます推進されるだろうから、居住専用の住戸でありながら、執務行為ができる工夫をどこかに盛り込んでおくこともよいだろう。

2.6 ペット可の実態を知っておく

また前節②のペット共生の可否については、所謂「ペット可マンション」とすることで企画の差別化を図ることができる。全国的にみても物件数が少ないため、近隣だけでなく広域から事例を探すとよい。その際は、飼育可能なペットの種類に限定があるかも見る。都市部の事例では「犬のみ可能」「小型犬のみ可能」「猫は不可」といった物件も多い。犬は比較的しつけがしやすいという点で共生を許されている場合が多いが、猫は爪研ぎによる壁・建具破損や退去後も臭いがとれないなどの苦情が多いことなどから、通常の賃貸借契約に加えて保証金を積む特約を結ぶケースもあるので、このあたりも不動産仲介者にヒアリングするとよい。また居室内装も、滑りにくく爪痕の付きにくいフローリング材や木製腰壁、防臭壁紙等の対応をしているものもある（図1）。しかし多くの事例での退去修繕での実態をみると、いくら対応していてもペット入居による汚れや傷は完全には防げないため、修繕工事費自体を抑えるべく仕様を決定するという方法もある。もうひとつ重要な視点としては、一棟丸ごとペット共生型とするか、あるいは部屋ごと・契約ごとに逐次対応型とするかである。棟ごとペット共生とする場合は、客付けしにくくなるが確実に需要はあり、家賃も高めに設定できる。また他に対応物件が少ないため、いったん入居が決まれば長く住んで貰える（定着率が上がる）。逐次対応型とする場合は、同じ建物内にペットなし世帯も住むことになるので、共用部やエレベータ内では抱きかかえるなどの利用ルールを徹底すべきだろう。部屋自体は退去時の修繕・クリーニングさえしっかり行えば問題ない。また一棟丸ごとペット可能とした場合であっても、図2の例のように、居住者に対してというより犬同士の吠え合いなどのトラブルが多く見受けられる。特にしつけの行き届いていない犬が夜中に吠えてしまうと、他の部屋の犬も一斉に共吠え（無駄吠え）を重ねることになるので、入居時のルールづくりを徹底すべきであろう。

同様に特殊物件として差別化を図るものとしては「楽器可」「ピアノ可」であろう。これは敷地が音楽大学・専門学校等の近隣や通学路の沿線に限り、定常的な需要が見込める。楽器可を企画に取り入れたいならば、上記と同様、対応物件の分布状況・契約形態・室内仕様・特約ルールに分けてヒアリングを進めるとよい。

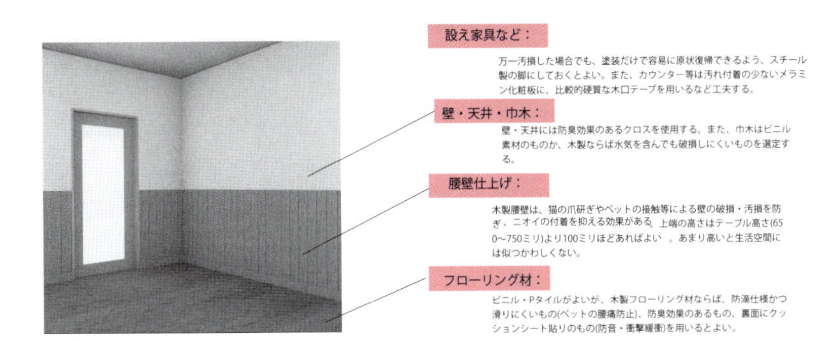

図１　ペット共生物件の内装材選定

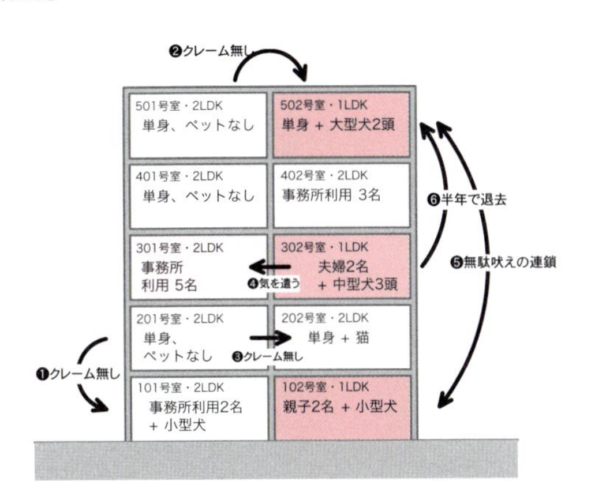

図２　ペット住戸と一般住戸の混在する物件でのクレーム実態

表１　ペット共生住戸と一般住戸の混在する物件でのクレーム詳細

番号	❶	❷	❸	❹	❺	❻
クレーム相対関係	201 → 101	501 → 502	201 → 202	302 → 301	101 → 502	302 → 502
管理者による把握状況	クレームなし	クレームなし	クレームなし	気を遣うレベル	吠え声に苦慮	吠え声が原因で退去
詳細	ペットあり・なし住戸間なるも、入居1年以上経過してもクレームがない。小型犬の吠え声・爪音は上階へはあまり響かないためと考えられる。	こちらもペットあり・なし間であるが、吠え声は「あまり気にならない」とのこと。	防臭マットやスプレー等を都度用い、猫独特の臭いへの対策を行っているため、入居後1年経過しているがクレームは無い。	クレーム案件にはなっていないが、不特定多数の出入りする事務所利用であるため、都度302号室の中型犬が吠えるのでかえって気を遣うとのこと。	上記同様、4階分も離れた住戸間であるにも関わらず、502号室の吠え声から、101号室の小型犬がつど共吠えをして気を遣う。窓が開けられないとのこと。	離れた住戸間であるにも関わらず、502号室の大型犬が夜中に吠えるため、302号室の小型犬が連鎖的に無駄吠えをする。夜中眠れない上、落ち着かないとのことで入居後半年で退去した。
対策例	ペットあり・なし住戸間でのクレームは、躾けができていれば混在は可能である。		猫の場合は鳴き声クレームは殆どなく、臭い対策を重視するとよい。	不審者への吠えかけを減らすよう躾けるべきと思われる。	夜間の窓の開け放しを減らし、吠え声を響かせないよう入居者に指導する。	

2.7 駐車場をとりまく事情

首都圏の都区部などの高密度地域を除き、賃貸型集合住宅の駐車場需要は高い。生活の足として車が必需品である地域などでは、駐車場完備率（住戸数に対する駐車区画数の割合）が100%でないと入居者が決まらない場合も多いし、高級物件などでは1世帯で2台の自家用車を有するケースもあり、どれだけ多く区画を確保するかが客付けを左右する大きな要因のひとつと言える。これを重要視するならば、ベーシックリサーチ同様、近隣の競合物件での完備状況を調査することをお勧めする。また同時に、周辺の月極駐車場と空き状況・月極賃料も併せて調べておく。敷地内駐車場で十分な完備率が確保できない際には、不足している分を事前にオーナーが借り上げて確保しておく必要があるからである。

上記の調査を進めて駐車場の完備率を検討するにあたっては、2つの視点から見る必要がある。ひとつはマンション企画上の収益性・集客性の担保、もうひとつは行政区ごとに定める附置義務の遵守の観点である。特に投資型マンション企画の場合では、限りある敷地を最大限有効に使う必要があるため、駐車区画を増やそうとすれば建物のボリュームを減らすことにも繋がる。建築計画のボリューム検討は日影計算や斜線規制などにあたる必要があるので、具体的な検討は設計者に任せるほうがよいが、オーナーは、マンションの企画上で必要な住戸数・住戸面積・目標とする駐車区画数をあらかじめ決めてから検討依頼するとよい。考えられるパターンとしては、敷地内に振り分けて自走区画を設けるものの他、ピロティ型駐車場とするのもある。ピロティ型にすると1階部分に住戸を設けられない、エントランスが殺風景になるなどのデメリットがあるので、収益性だけでなく建物の美観とのバランスも考慮に入れるべきだろう。また敷地に余裕がない場合は、3段パレット型機械式駐車場などを採用することも検討されるが、地下掘削・本体導入費・メンテナンス手間が高額であり、共益費や駐車場使用料の積み立てなどで投資額が回収できるとは思わないほうがよい（これは分譲型集合住宅などで行政の附置義務を満たせない場合に限ってとる方策である）。

また行政区によっては表1および表2のように「自動車駐車場の附置義務台数」として条例で義務化している場合もある。これは都区・市町ごとに取り扱いが違うため、自身で調べるか設計者に問い

表1　自動車駐車場の附置義務台数（名古屋市）

地域または区域	自動車の駐車台数の住戸の数に対する割合※
第1種低層住居専用地域または第2種低層住居専用地域	10分の7
第1種中高層住居専用地域または第2種中高層住居専用地域	10分の6
第1種住居地域、第2種住居地域、準住居地域、準工業地域、工業地域または用途地域の指定のない区域	10分の5
近隣商業地域	10分の4
商業地域	10分の3

※ここでいう住戸の数とは、床面積30㎡未満のワンルーム形式住戸を有する場合、その戸数の2分の1を乗じた数にワンルーム形式以外の住戸数を加えた数とする。
※附置義務台数≧｛(ワンルーム形式住戸の数）×1/2＋（ワンルーム形式住戸以外の住戸の数)｝×（表の右欄の割合）となる。
※計算により小数点以下の端数が出た場合は切り上げて考えるものとする。
※また自動車が駐車できる駐車場の形態は、①駐車台数1台につき幅2.3m、奥行5m程度（機械式の駐車場の場合を除く)、②自動車を安全に駐車させ、出入りさせることができるものであることとする。

表2　一般の駐車施設の附置義務基準（東京都23区・市）

<table>
<tr><th>地域・地区</th><th>対象規模</th><th colspan="2">対象用途</th><th>基準床面積</th><th>緩和係数（6000㎡以下の場合のみ）</th></tr>
<tr><td rowspan="4">A. 駐車場整備地区等

・駐車場整備地区
・商業地域
・近隣商業地域</td><td rowspan="4">特定用途の部分の床面積＋非特定用途の部分の床面積×3/4の合計が1500㎡を超えるもの</td><td rowspan="2">特定用途</td><td>百貨店その他の店舗</td><td>（23区）250㎡ごとに1台
（市）200㎡ごとに1台</td><td rowspan="4">式1※</td></tr>
<tr><td>その他</td><td>（23区）300㎡ごとに1台
（市）250㎡ごとに1台</td></tr>
<tr><td rowspan="2">非特定用途</td><td>共同住宅</td><td>（23区）350㎡ごとに1台
（市）300㎡ごとに1台</td></tr>
<tr><td>その他</td><td>（23区）300㎡ごとに1台
（市）300㎡ごとに1台</td></tr>
</table>

駐車場整備地区等又は周辺地区、自動車ふくそう地区で対象規模以上の建築物を新築する際は、下式で算出した台数以上の駐車施設の附置が義務付けられている。
新築時の附置義務台数＝｛Σ（建築物の各用途の部分の床面積＋基準床面積）｝×緩和係数
※延べ面積6000㎡を超える建築物の場合は緩和係数を乗じることはできない。
※上式の計算結果に小数点以下の端数が生じる場合は端数切り上げ。
※上式の計算結果が1台となった場合は、附置義務台数は2台とする。
※式1＝1－1500×（6000－延べ面積）／（6000×（特定用途の床面積＋非特定用途の床面積×3/4）－1500×延べ面積）

合わせるとよいだろう。また表1のように、ワンルーム型・ファミリー型で附置義務の案分値に差を設けてあるため、附置義務台数をなるべく少なくしたい場合は、住戸タイプと住戸数から調整することも十分ありうるから、やはりこれらも設計者任せにせず企画の責任者であるオーナーの視点で判定をして頂きたい。

土地を分筆・合筆するなら

自前の土地を使って集合住宅を企画する際は、さしせまった節税対策だけでなく、最低でも40～50年先の将来を見越し、財産を次の代に残すべく、有意義な活用計画を立てたい。土地活用の手段としては、まず、分筆と合筆がある（図1）。

分筆とは、1つの土地を、不動産登記法上の複数筆の土地に分けることであり、財産分与や土地売却時に分割登記することである。また、複数筆にわかれる土地の名義人は、個人であっても共同名義でもよいが、実際分けるにあたって、その土地に対して建物が建築可能なように条件を満たしておく必要がある。

また、合筆とは、複数筆にわかれている土地に対し、所有者が同じであり、互いに隣接している土地に限り、一筆に合わせることを指す。これは、合筆によりまとめた土地の不動産評価額を上げたい（下げたい）場合に行うが、所轄の法務局によっては、官民・民民とも境界確定が求められるケースもある。

注意点としては、一筆の土地を複数筆の土地に分筆する際は、分筆によってできたそれぞれの土地に対し、図2に示すように、接道間口の確保（2m以上）や建ぺい率など、建築基準法の関連条法に適合する建物が将来的に計画できるよう、適切な分筆を行う必要がある。例えばケースb）のように、接道側と平行に分けると、奥の土地への接道間口が確保できていないため、条法不適合となる。またケースc）のような、既存建物を残して道側と平行に分ける場合は、既存建物が条法不定合にならないよう、4m以上の幅の道路を設定する（建築基準法第42条および43条）。

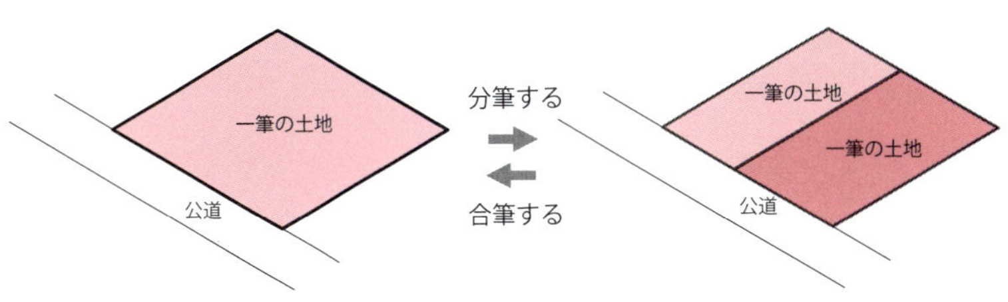

合筆は、複数筆の土地の所有者が同じであり、お互いに隣接している
土地に限る。土地評価額を上げたい（下げたい）場合に有効
ただし管轄法務局によっては境界確定を求められることもある

分筆は、遺産相続や財産分与のために分割登記する際に行う
それぞれ名義人を固定しても、共同名義でもよい。ただし
どう分けるかは、売却の場合であっても建築可能な条件を満たしておく

図1　土地の分筆・合筆

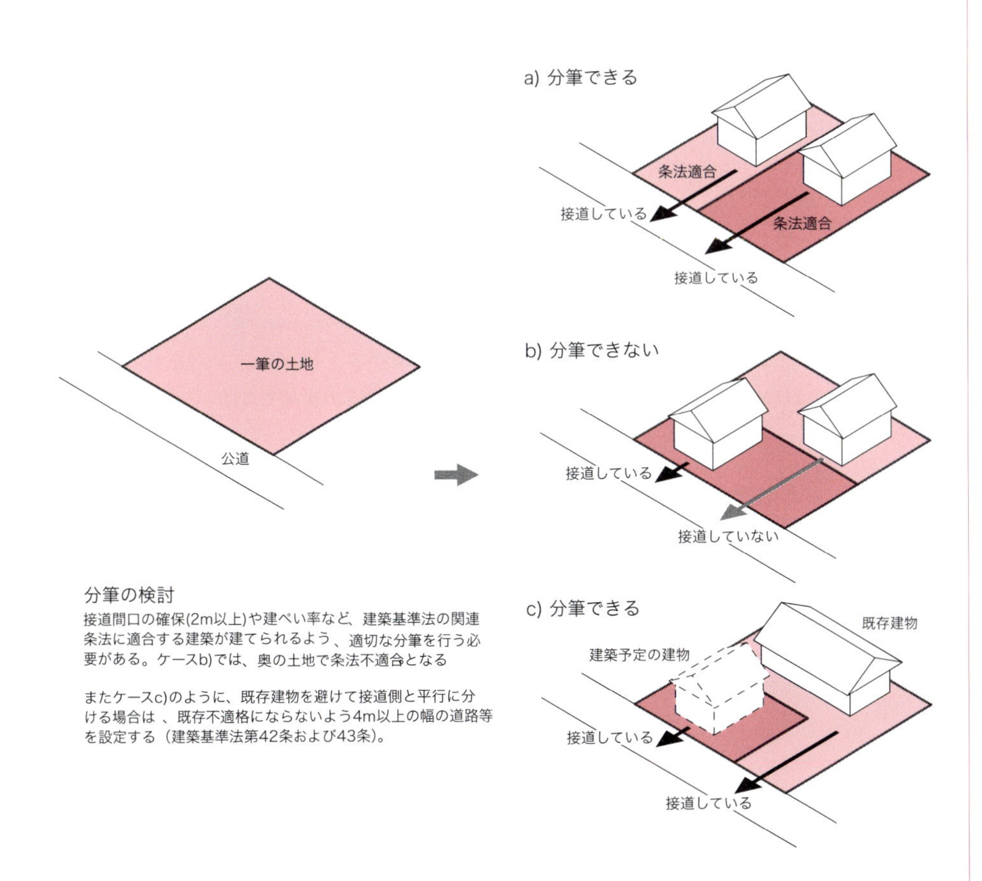

図2　土地の分筆にあたっての注意点

土地を分割・複合するなら

土地の分割とは、不動産登記法上での一筆（ひとふで）の土地に対し、適切な分割線を設け、複数の敷地を構じる方法である。この場合も、分筆と同じく、既存・新築建物とも、建築基準法の関連条法に適合するような割り方をする必要がある。またこれは、当該土地を融資担保としてひとまとめにしておきたい場合等にとる方法である。無論、売却する際は、ひとまとめで売るか、分割線にて土地の筆を分けることになる（図1）。

土地の複合とは、名義人（個人でも共同名義でもよい）が同じ土地で、かつ境界線で隣接している複数筆の土地に跨って計画敷地を講じる方法である。何らかの理由から分筆登記されている土地であっても、不動産登記法上は建物とは別個に登記されるため、複数筆の土地を一敷地として建築計画ができる。またこれは、遺産相続時の土地の名義人（被相続人）がそれぞれ異なる場合や、相続人が個人あるいは少数であり、相続トラブルが起こりえない場合にあり得る方法といえる。ただし筆ごとの個別売却はできない。

ここで「土地」と「敷地」を区別して覚えておこう。前述の「土地」とは、不動産登記法上の「一筆の土地」のことである。登記簿や土地の構図を見ると、一見ひとまとまりの土地であっても、いくつかの所在・地番に分筆された、隣接する土地の集まりであることがわかるだろう。多くの場合、度重なる換地や区画整理、または財産分与や相続の観点から、やむを得ず筆を分けた経緯をもっていたりする。一方「敷地」とは、必ずしも不動産登記法上の「一筆の土地」を指してはおらず、あくまでも建築基準法上の「一敷地一建物の原則」[注1]にある敷地という扱いになる。したがって土地の筆数にかかわらず、条法適合さえしていれば複数の建築が成立し得るのである。

注1）一敷地一建物の原則（建築基準法施行令1条1項）「敷地とは、一の建築物又は用途上不可分の関係にある二以上の建築物のある一団の土地。」

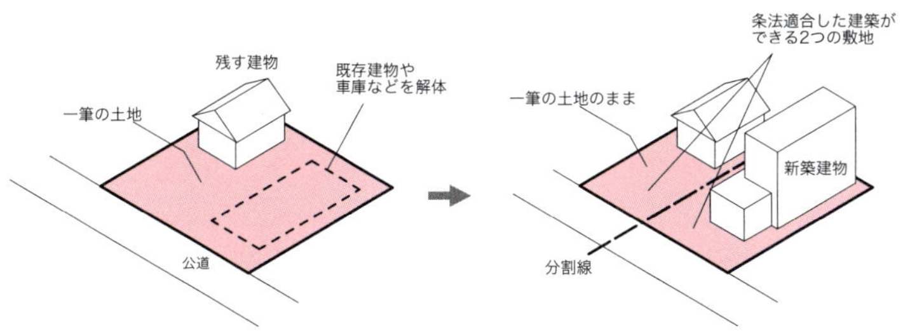

土地の分割
不動産登記法上での一筆（ひとふで）の土地に対し、建築基準法上の「一敷地一建物」に則り、既存・新築とも不適合建築物にならない線で分割して計画敷地としてよい 。当該土地を融資担保としてひとまとめにしておきたい場合などにとる方法。無論 、売却する際は、ひとまとめで売るか、分割線にて土地の筆を分けることになる

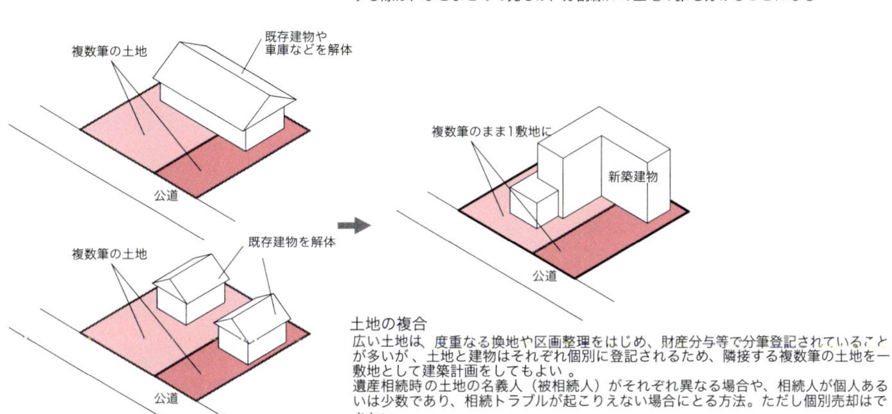

土地の複合
広い土地は、度重なる換地や区画整理をはじめ、財産分与等で分筆登記されていることが多いが、土地と建物はそれぞれ個別に登記されるため、隣接する複数筆の土地を一敷地として建築計画をしてもよい 。
遺産相続時の土地の名義人（被相続人）がそれぞれ異なる場合や、相続人が個人あるいは少数であり、相続トラブルが起こりえない場合にとる方法。ただし個別売却はできない。

図 1　土地の分割・複合

2.10 土地の将来像をえがく

◉法規・条例を理解する

前述のように、土地活用の際には、分筆・合筆、分割・複合と様々な方法があるが、具体的な相続の方法に目処が立ち、土地活用プランが見えてきた段階で、最適な方法を使い分けるとよいだろう。一方、集合住宅の上物としての使命は、竣工時から一定年限の、いわば働き盛りの期間において、借入金の返済実行とキャッシュフローを生みながら、次の投資に向けた余剰金の積立や、段階的なローン担保を形成することである。一方で、建物の法定耐用年数は、RC造で47年、鉄骨造で34年、木造で22年であるが、老朽化・賃料下落などの面から、実質的には寿命いっぱいまで働かせられない。よって土地活用の将来像と併せて、早め早めの対策が不可欠なのである。

ここで、具体的な将来像の描き方について、実例をあげて説明を進めよう。図1に示す図は、総面積2215㎡と広い用地の一部に、既存自宅と並ぶかたちで集合住宅計画を進める検討手順を示している。

検討すべき用地全体は、宅地a（500㎡）、宅地b（470㎡）のほか、農地（1245㎡）の、所有者が同一名義の三筆の土地から構成されている。宅地aには所有者の自宅があり、今後も住み続けたいとしており、宅地bに集合住宅を建ててはどうかと検討を始める。同時に、農地については、地目変更と都市計画法第29条に基づく開発許可申請をかけて、最終的にはいくつかの宅地として、順次、分譲・売却できるよう希望している。これを実現するには、建築基準法42条1項の「私道の設置」が必要となるため、図中2）で示すような、A～Dの4つの筆に土地をまとめる将来像を具体的に描いた。

Dは、宅地としての適切な面積配分から、11区画に分けられることが想定される。よって、そのすべての区画に対し、2m以上の間口確保と、幅員4m以上の道路への接道条件を満たすべく、Cを「私道の設置」として構じることとする。

農地については、当面は、集合住宅の入居者のための共用レンタル農園としたいため、現段階では地目変更・開発許可申請をかけたくない。しかし、将来への布石として、図中3）のように、C'ま

注1）位置指定道路とは、土地を建築敷地として利用するために、新たにつくる道で、特定行政庁に申請して指定を受けたものを指す。また設置基準（建築基準法施行令144条の4）は、原則として両端が他の道路に接続していること、ただし次の場合は行き止り道路とすることができる。
①幅員が6m以上の場合、②延長が35m以下の場合※、③延長が35mを超える場合で終端および区間35m以内ごとに自動車の転回広場がある場合※、④終端が公園などに接続する場合（※幅員6m未満の既存行き止まり道路に接続する場合はその延長も含む）。

注2）開発道路とは、都市計画法、土地区画整理法、都市再開発法などでできた道路であり、今回のケースでいうと都市計画法第29条「都市計画法に基づく開発行為の許可等について」の規定のうち、「500㎡以上の土地で建築行為を行う場合（宅地分譲や増築・改築等を含む）」の条項に適合しない。

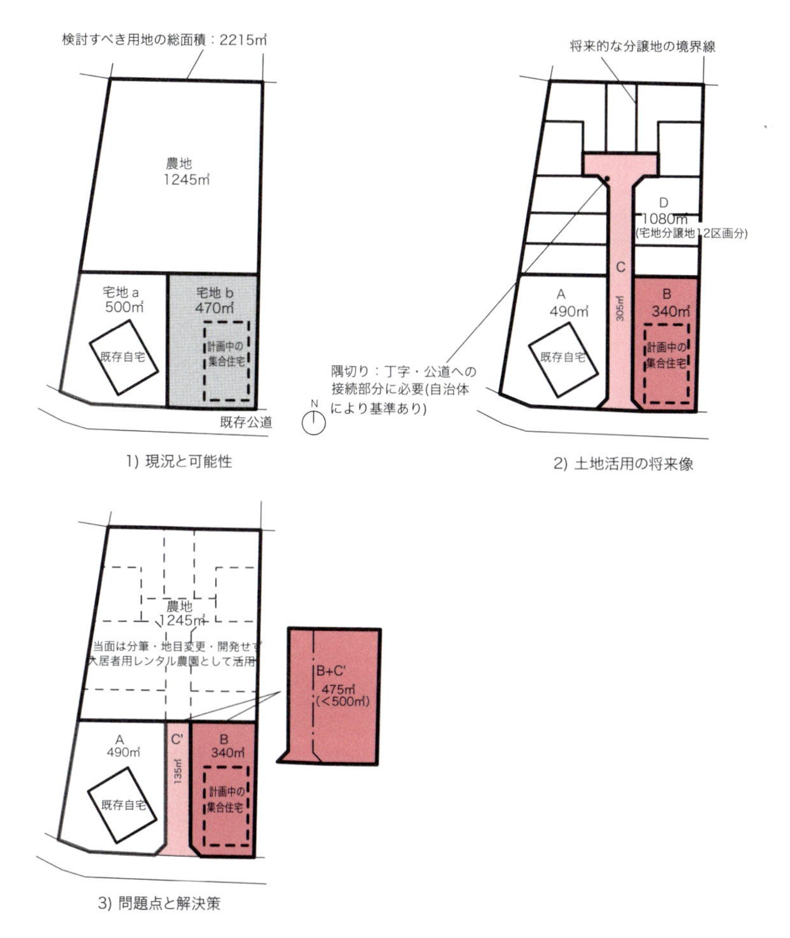

図1　土地活用の将来像を描く

でを私道扱いとすることを考えたいが、これは必ずしも集合住宅計画に必要な条件ではないため、建築基準法42条1項5号の位置指定道路[注1)]とするこができない。また、B+C'の土地面積が500㎡以下であるため、建築基準法42条1項2号の開発道路[注2)]とすることもできない。よって将来、農地を宅地とする際に、開発許可申請をかけ、Cを42条1項2号道路とする方法が、もっとも理にかなった解決策になるだろう。

◉計画敷地のとり方と許容規模検討

用地全体の将来像が見えてきたところで、再度、検討を進めるべき集合住宅計画に目を戻そう。図2のように、私道の設置や活

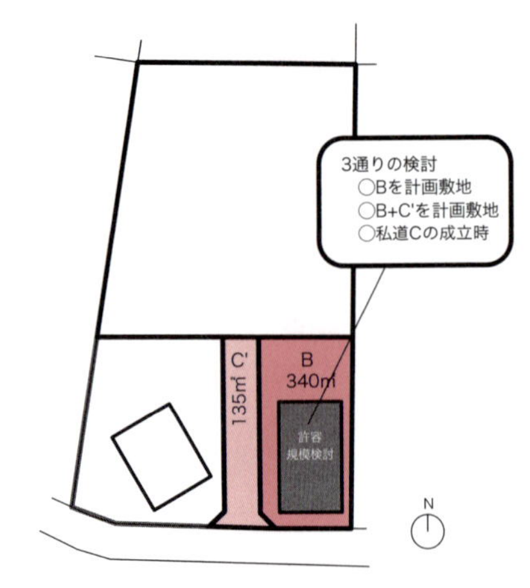

各条件	建築面積(許容)	延床面積(許容)
Bを計画敷地	340㎡ x 60% = 204㎡	340㎡ x 192% = 653㎡
B+C'を計画敷地	475㎡ x 60% = 285㎡	475㎡ x 192% = 912㎡
私道C成立時	338㎡ x 70% = 236.7㎡	338㎡ x 200% = 676㎡

図2　計画敷地のとり方と許容規模検討

用の系譜に照らすと、計画敷地のとり方と許容規模の検討にあっては、以下の3通りが考えられる。

①土地B（340㎡）を建築基準法上の計画敷地とする場合

②土地B+C'（475㎡）を建築基準法上の計画敷地とする場合

③私道Cが成立した場合

特に③では、敷地Bは角地の扱いになり、建ぺい率が10%緩和されるので期待が持てるが、一方、私道Cからの道路斜線の制限がかかるため、設計レベルでの適切な判断が必要である。図中の計算表に、各条件における許容建築面積と、許容延床面積を示す。これをみると、②土地B+C'（475㎡）を建築基準法上の計画敷地とする場合において、建ぺい率の面でメリットが高くなると判断できる。

本事例の特異点としては、農地の開発に私道を設置することと、当面は農地を活かして集合住宅のバリューアップに繋げたいことにあった。このように、土地のオーナーの思いと、用地のポテンシャルを総合的にみて、将来像を描いていきたいものである。

3 — TPCBLと投資分析

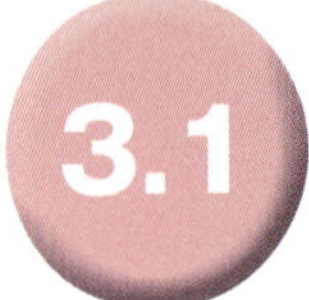

3.1 T（ターゲティング）…企画側から入居者を選ぶ

TPCBL 分析のフレームワークと意義については 2.1 節に示した通りであるが、これら 5 つの項目を 1 つずつ構築していく。考慮する順序は特に問わず、ベーシックリサーチやアドバンストリサーチで得られた事実やアイデアから着想して、思いつくまま、意識の向かうままに構成していけばよい。

ターゲティングとは、もっとも訴求すべきターゲット（入居希望者像）を決めることである。もちろん企画段階では誰が入居するかは未定なので、あくまでも顧客像であるのだが、「なんとなく若い人向け」や「ファミリー向け」といった広すぎるターゲティングでは、広い市場にアピールできるかもしれないが、近隣物件との差別化を図るのが難しく、竣工後 10 年も経てしまえば、他のマンションと見分けが付かなくなり、結局客付けをよくするには家賃を下げるしか方法がなくなる。

そこで、ここはあえて、年齢層・性別・趣味嗜好・職業・家族構成・ライフスタイルなどを詳細に決めてしまおう。例えば「夫は個人事業主で自宅をホームオフィスとしても利用、妻は会社員、ともに 30 代後半までの子供のいない DINKS 家庭、趣味は料理・ロードバイク」というように思い切って具体的に示してみる。あるいは表 1 のようにまとめるのもよいだろう。左欄はターゲット像、右欄はそれに対応できるだろう住戸仕様やデザインなどについてメモ書きしてある。

このターゲティングで肝心なのは、「誰に入居してもらえるのか」を心配しながら決めるのではなく、「どういう人を住まわせたいか」を、企画者自らが明確にすることにある。人を選べばそれだけ市場は小さくなるが、不動産仲介者にとっては、わかりやすい魅力を持った物件のほうが顧客に説明しやすく、前向きに客付けに精を出してくれるはずである。

また顧客にとっても、ターゲットがはっきり見える物件のほうが入居後のライフスタイルイメージも描きやすい。詳細なターゲティングは、売りやすさと消費しやすさの点でも不可欠なことである。また住まわせる人を選ぶ点については、マンション経営上の長期視野からしても、薄利多売方式で物件価値をいたずらに下げるよりも、コアな愛好者を探して長く住んでもらったほうがよいと筆者は考える。

表1　詳細なターゲティングと建物仕様・デザインに関するメモ

ベーシックリサーチまとめ	◯周辺物件は1R、1K、2LDKがほとんど。つまり単身住まいか、夫婦暮らしの市場といえる。 ◯3LDK以上のファミリータイプはほとんどが分譲集合住宅か戸建住宅。 ◯駅近、商店街便利、コンビニ・スーパーは最寄りであり、単身が不自由なく暮らせるコンパクトタウンとしての魅力大。 ◯単身物件は近隣大学・医療法人勤務者向けが多い。
ターゲット像・ライフスタイル	地方出身の20～30代女性単身者または学生。健康的な食生活を送り、社交的かつ安定的なライフスタイル。友人が多く、比較的友人にオープンな生活環境を求める人物像。
想定間取り・面積	1DK～1LDK、専有面積30～34㎡
対応する建物仕様・デザイン	◯シンプルに。ごてごてデザイン不要。 ◯床だけはおしゃれにムクフローリングで。 ◯しっかり料理できる幅広キッチン。 ◯収納力のある大型吊戸棚もしくは壁付け棚板。 ◯友人を呼んでも対応できるバックカウンター兼用の造作テーブル。 ◯他人を呼んでも差し支えないロフトまたはメゾネット寝室。 ◯共用廊下やバルコニーに鉢植え並べるられるように… ◯ワンルームタイプにするなら細長い部屋にする →壁を頼りに家具を置く 等々…

3.2 P（ポジショニング）…他との優位性を見つける

「P」、つまりポジショニングとは、周辺の物件市場において、他と比べて優位な立ち位置を陣取るということである。この立ち位置を見つけるべく、図1のような、2極からなるポジショニングマップをつくって検討を行うとよい。まずは、図中にベーシックリサーチから得られた近隣の競合物件をプロットする。ポジショニングマップの軸には数値的基準は特にないので、慣れないうちは直感的においてみるとよいが、数が増えてくると近しい物同士で相互比較ができるようになるので、正しく現状の市場様相をビジュアルに捉えることができる。分布の集中が見られる所は、市場的にも開けているが競合も多く、差別化を図るには厳しい。対して、分布のすき間は市場未開拓ながら、客付けさえできれば他と比べて優位に立てる可能性がある。この様相を看取しつつ、本企画のポジションを探るのである。あえて集中している場所に挑戦するのもよいし、すき間に陣取って徐々に集客を見込むという戦略もある。

注意すべきは、2極の軸は必ず独立関係の指標をとることである。例えば図2のように、横軸に賃料（安い－高い）、縦軸に専有面積（狭い－広い）というように、従属関係にあるもので構成すると、マップ全体が線形分布してしまい分析に使えない。同様に駅からの距離（近い－広い）と賃料（安い－高い）としても一般的にみて従属していると言えよう。またこれら指標の選定については、3.1節で述べたターゲット層や、後述のベネフィット、ライフスタイルからそれぞれ2軸づつでもよいし複合的に選んでもよい。例えば、ターゲット層の軸としては、性別（男性向け ⇄ 女性向け）・年齢層（若者向け ⇄ アダルト向け）・職種（一般企業向け ⇄ 横文字職業向け）・家族像（単身向け ⇄ 家族向け）などがあり、住み手のベネフィットでは、住戸の質感（カジュアル ⇄ シック）・住戸の特徴（居住向け ⇄ オフィス型）・共用部の仕様（必要最低限 ⇄ 使途豊富）・ビュー（眺望重視 ⇄ 内観重視）、ライフスタイルの軸ならば、間取りの特徴（クローズ型 ⇄ オープン型）・収納の仕様（充実 v 兼用）・食生活（しっかりキッチン ⇄ パーティー向き）などが挙げられる。

ポジショニングマップも単にビジュアルに示してお仕舞いではなく、市場に対してどうアクションを起こすべきなのかを分析（キャプションアウト）しておくと、住戸デザインを進める際のアイデアとして活かす

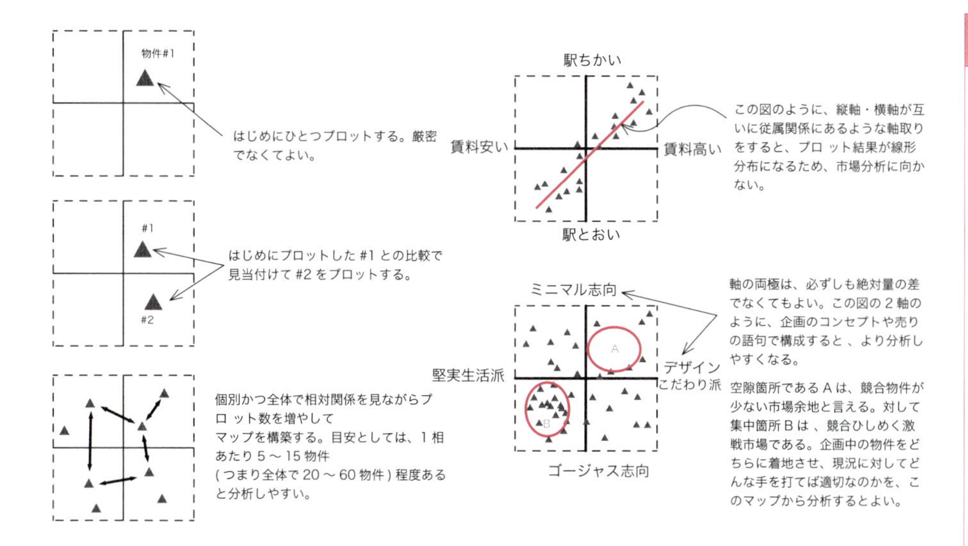

図 1　ポジショニングマップ構築の手順

図 2　マップの軸取り・読み方

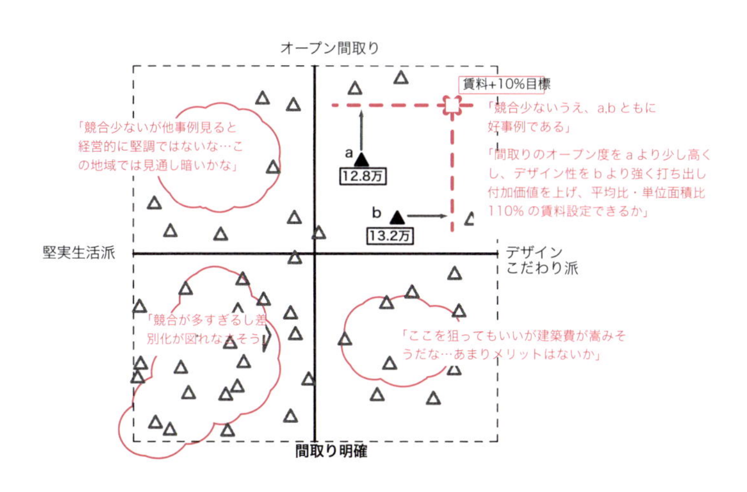

図 3　マップ上で戦略を練る

ことができる。建物は結局のところ造形物なので、小さなアイデアでも住み手にとって有意義な設えに繋がるなら、付加価値はどんどん高まると思ってよい。

3.3 C（コンセプト）…企画の芯と売りをきめる

考案中の企画の芯がぶれないよう、また決意を固めるべく、簡潔な文章でコンセプトを立てる。特にマンション企画では、仕込みから入居開始までに2～5年はかかるため、クライアント・設計者・不動産仲介者・その他関係者間での「防備録」としても重要な意味をもつし、設計者・デザイナーにとっては、このコンセプトを元に設計発想の促進に役立てるため、以下の項目をしっかり押さえて書くとよい。筆者がよく用いるのは、

a）誰に対して（ターゲット）
b）どんな住宅で（計画・デザイン）
c）どのような付加価値のある（ベネフィット）
d）どんな生活像をもってもらいたいか（ライフスタイル）

を150字程度でまとめるというものである（図1）。情報整理法に「5W1H」「6W2H」というものがあるが、マンション企画においては上記4つで十分であろう。また150字という文章量は、人間が一度に理解できる上限でもあるから、これ以上長々と書いても無駄である。またTPCBLの5項目は、同時並行して推敲すべきものであるから、コンセプトも逐次見直し・修正が不可欠である。こうしてコンセプトを明文化すると、企画の売りが見えてくる。またコンセプトメイキングしても差別化が図れそうにない、他の物件と大差ない、案としてつまらないと感じるなら企画としては失敗であるから、再度練り直すべきであろう。またコンセプト文章を流用して、物件の「キャッチフレーズ」を考案し、新築物件への入居前広報パンフレットや、客付けのための宣材・ウエブサイト情報への活用を見込むのもよい。

立案したコンセプトをパンフレットの各所にアレンジしてある。
「1フロア1住戸、360°眺望独占。個性豊かな窓辺のある間取り、3タイプ10部屋。人生のミッドステージを迎えつつある30代後半のホームワーカーをターゲットに、スキップスタジオ・リビングスタジオからなる高いホスピタリティと実用的な住戸により、自由で表情豊かな住み手の生活をサポートする都市型賃貸住宅とすること」

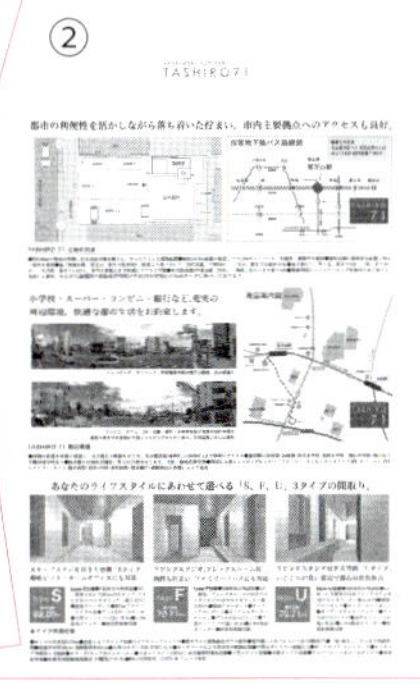

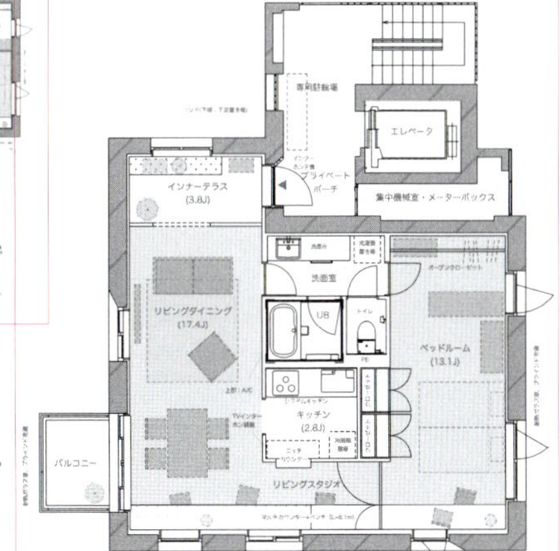

① 後々客付け用パンフとすることを想定し表紙を付けて体裁を整える。
② 地域環境との関係・タウンスケープを必ず載せる。
③ 共用部の付加価値・建物の魅力をまとめる。
④ 各住戸の情報は、間取りだけでなく設備系のオプションも含めて載せる。
⑤間取り図には各部屋の広さ・畳数を記載。造作家具・収納も詳しく明記。
暮らしぶりをイメージできるよう、家具などの添景を含めてもよい。

これらをA4クリアファイルなどに綴じ込み、物件の家賃査定資料として各不動産仲介社に配布する。

図１ 不動産仲介社向けに作成した物件パンフレット

3.4 B（ベネフィット）…見えない付加価値に値をつける

「B」すなわち、ベネフィット設定とは、端的にいうと他と比べて優位な点を挙げることである。これには2通りの考え方がある。ひとつは入居前から目に見えてわかる「見える付加価値」であり、不動産仲介者が提供している物件情報のオプション条件（表1参照）がこれに該当する。例えば「オートロック」「バス・トイレ別」「浴室乾燥機付」「ウォシュレット」「シャンプードレッサー」などである。しかし新築物件の乱立する地域などでは、これらの見える付加価値はあまりにありふれており、単独では差別化が難しいのが実情である。確かにシャンプードレッサーは有り難い設備であるが、常用者以外には実はどうでもよい条件となろう。そこでこれらに加えて考慮すべきは「見えない付加価値」を足す、つまり募集情報には記載しにくいが入居後に実感できる利点であったり、生活空間への愛着に繋がる要素を増やすことである。具体的には、検討中の住戸平面図などにアイデアを付記していき、経済的かつ有用性に富む造作（ぞうさく）として設計者サイドで仕立ててもらうというのがよいだろう。見える付加価値は、誰にでもわかりやすい反面、高価な設備機器を導入したり、大掛かりな配管工事を要するものも多く、むやみにグレードを上げても建築費を圧迫するだけだが、棚板一枚あるいはハンガーパイプ1本といったリーズナブルな手間で住み手のベネフィットに繋がれば双方にとってもよい結果となるので、どんな小さなアイデアでも逃さず付加価値に繋げたいところである。

またこれらの魅力は初見者に「見えにくい」ので、図1のように平面図などに付記し、物件オリジナルや物件紹介パンフレットに反映させるとよいだろう。また、不動産仲介者やその物件検索サイトでは、住戸平面だけが表示される仕組みになっているが、物件オリジナルなどを用いることで共用部の魅力や後述のライフスタイルをうまく伝えるイメージともなる。このあたりのアートワークは設計者・デザイナーに依頼して作成してもらうのもよいだろう。

またこのベネフィット設定は、部屋の値付けにも連関しており、相場家賃に対して何割プラスできそうなのかを精査する手段にもなる。不動産仲介者はデザインの素人であるから、「見えない付加価値に客は値段を付けない」と断じる向きもあるだろうが、経験上、ターゲットを厳選して着実に訴求できれば、当初の企画どおりの設定賃

表１　賃貸物件の「見える付加価値」例

住戸設備	建物条件等
カラーカメラインターホン	南向き
ダブルキーロック	駐車場完備
バス・トイレ別	バイク・自転車駐輪可
室内洗濯機置き場	宅配ボックス
浴室乾燥機	オートロック
追い炊きバス釜	セキュリティカメラ
ウォシュレット付トイレ	防犯アラーム完備
シャンプードレッサー	トランク・ルーム
エアコン完備	専用庭・屋上開放
ウォークインクローゼット	ペット水場完備
フローリング	
LAN ソケット完備	
BS/CS 受信可能	
網戸付きサッシ	
ビューバス	
IH キッチン	
3 つ口コンロ	

全室3面採光・眺望を確保、共用廊下も独占。1フロア1住戸ならではのユーザビリティ。

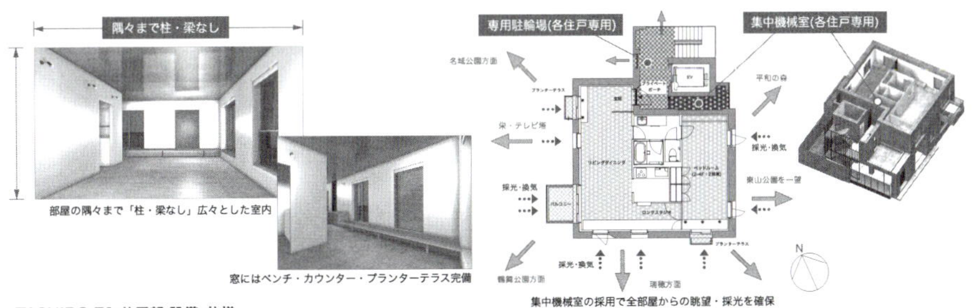

TASHIRO 71 共用部 設備・仕様

●オートロックエントランス(自動ドア)●カラーカメラ付集合玄関インターホン●ナンバーロック式メールボックス●不在票印字機能付宅配ボックス●ムーディーなアッパーライト・間接照明●大きな9人乗りエレベータ●各階集中機械室(給湯器・室外機・メーターボックス集中設置)によるすっきり配管●エントランス連動型自動火災警報機●消防放水用連結送水管設備●防犯錠ブラケット付き駐輪スペース全戸分有り●敷地内自走式駐車場8台分有り●敷地内植栽・ガーデン照明●防犯性高い鉄筋コンクリート塀●ダストエリア完備
●集中機械室：各フロア毎に全部の住戸のエアコン室外機、給湯器、電気・ガス・水道のメーターボックスを一箇所に集中設置。これにより、室外機レスのすっきりバルコニー、すっきり玄関周りが実現されました。●フラットスラブ構造：通常の集合住宅では部屋の4隅に必ず出る大きな柱や、窓の上部に梁が現れ、室内空間を圧迫したり、サッシュのサイズが小さくなってしまいますが、当物件では、構造躯体として壁式・フラットスラブ構造を採用していますので、天井・サッシュ周り・部屋の四隅まで無用な出っ張りがありません。部屋が広く使えるだけでなく、家具をコーナーにぴったり寄せて使うことも出来ます。

図１　見えない付加価値の「見える化」

料で十分客付けが可能であるし、物件見学時にこうした細やかな配慮やデザイン上のこだわりに気づいて賃貸借契約に至るケースも非常に多い。一方、他と比べて目立ったベネフィットがない物件は、いわば「替えが効く」物件であり、新築のうちはよいが、ものの 10 年で価格競争の波に揉まれることになり、マンション経営においてもっとも避けるべき「家賃を下げる」手段を取らざるを得なくなる。どうせ下がるならば、初期段階で高めに設定できるほうが有利であろう。

L（ライフスタイル）…住み方のイメージを例示する

TPCBLの「L」すなわち、他人のライフスタイルを想定するのは大変難しい。しかし1つの解答例を受け手に示し、あれこれと想像を巡らせて豊かにしてもらうことは容易である。本節ではそのライフスタイルの解答例を、図やイラストなどのイメージボードを使って示す方法を教示する。ターゲットが決まり、ベネフィットも整理でき、デザインも決まりつつある段階で、一度それらの材料から居住像の「ストーリー」をつくってみるとよい。設計者によっては基本計画の時点でイメージパースや建築模型などをつくっているので、それらの元図版にどんな雰囲気の生活ができそうかをキャプションを並べてみせるのもよい手である。図1中のキャプションには、企画住戸のCG図版を用いて、そこでの生活像（のエッセンス）について単文でわかりやすく説明している。映画の字幕もキャプションと呼ぶのだが、まさにその程度の簡潔さ、わかりやすさをもって説明することがポイントである。簡潔でよい理由としては、「自分だったらこう使う」、「こういう有意義な方法も考えられる」というように、受け手が自由にアレンジできる余地を残すためである。また住戸プランによって提示する解答例を変えてみてもよいだろう。1つの建物の中に様々な生活像があるというのも、物件の魅力向上に寄与するのではないかろうか。

一時の仮住まいだから、借り手がどう住もうと自由だろう、という考えでは将来的に危うい。これだけ価値の多様化した現代社会においては、ただの器としての住居ではなく、自己表現の手段の1つと考える若年層も多い。程度や嗜好の差こそあれ、自宅に居て趣味を満喫できるいわゆる「オタク文化」も今やメディアや消費の主軸となっているし、デジタルネイティブ世代にとっては、SNSや動画配信サービス等を上手に活用し、自宅から様々な情報を発信したり、仕事やビジネスを仕掛けていこうとする動向も看取されている。これらの現象は一様相に過ぎないが、いままで通りのマンション企画の部屋に、果たしてこうした若年層が振り向くか否かを問うべきと筆者は強く感じる。オタク向けだからオタク趣味の部屋にせよというのではない。そうしたライフスタイルを受容できる解答例を用意したほうが、時代の流れに対してクレバーではないかと指摘したいのである。

Work Center + LD + Bedroom + Kitchen

該当物件：i2, i3, i4, i5号室（トランクルーム標準装備）

type i
専有面積
66.20㎡

長い部屋を間仕切るもよし、ワンルームでもよし。出窓まわりを使って書斎スペースに仕立てるもよし。（窓台は木製ベンチになっています）

※室内パースについては、サンプルとして椅子・ベッド・テーブルスタンドを配置しています。

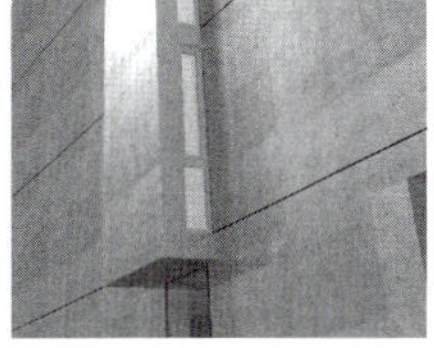

しかも出窓はプライバシーに配慮したサイドスリット・タイプ。

全長約17mの創造空間。 " i " -individual-

部屋全体が創造空間。それでいて欲しいところにちゃんと収納を完備。

iは、ただの一直線な空間ではありません。例えば、ユーティリティコアに絶妙なバランスで穿たれた出入口は、空間を分節・連結させますし、Denは独立書斎としてだけでなく、しっかり2面採光を確保していて、どの場所にも適度な光を届けてくれます。縦型布製ブラインド完備の2470mmハイサッシをはじめ、たっぷり収納・本棚など、あなたの創造空間にふさわしいしつらえを備えています。

図 1　企画中の住戸のストーリーボード

図 2　物件独自の HP サイト製作

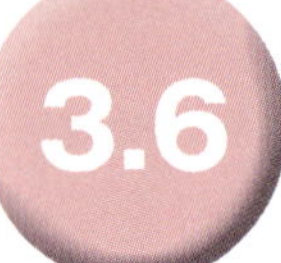

3.6 自分の企画に値付けする

企画書づくりも終盤に近づきつつある。本章では、2章のリサーチ結果と、本章のTPCBL分析をもとに、企画の妥当性・安定性・将来性を客観的かつ即時的に判断できる投資分析を行ってみる。

その手始めに、企画した集合住宅の賃料を決める。3.3節のような物件パンフレットが用意できていれば、それを手近の不動産仲介者に持ち込んで家賃査定をしてもらう。パンフレットまでは用意できていなくても、図1のように、設計者・デザイナーに作成してもらった基本計画を査定資料としてもよいだろう。

この時の注意点としては、3.4節で述べたように、面積や間取り等の基本情報の他に、「見える付加価値」と「見えない付加価値」を的確に示しておくこと。さもなくば、折角エッジのきいた企画による、ユニークな計画のよいところが不動産仲介業者の担当者に伝わらず、芳しくない査定結果になる。

一方、不動産仲介業者では、各社とも定式的な募集家賃査定書があり、それに則って賃料査定を提示してくるので、表1のような一覧表をつくって検討するとよい。

この図は実際の同一物件に対する、5社の家賃査定結果を一覧したものであるが、実際には11社に依頼し、消極的な6社を除外し集計した。また査定依頼先の選定にあたっては、やはり物件の近隣に支店・事業所がある業者がよいのだが、ネットからの客付けがうまい業者や、物件案内による成約率が高い業者、物件への理解度が高くそれを推して客付けをしてくれる業者など、詳しく見ていくと各社とも特徴がある。単純に査定料の高い業者を選定するというよりは、オーナー自身が「ここと付き合いたい」「彼に任せたい」と思う業者を選び、査定平均値を勘案しつつ、物件取扱いの専任契約を前提として、その業者と一緒に賃料決定するとよいだろう。

とにかく業者が決まれば彼らの話をよく聞くことである。周辺市場に詳しく、感のいい担当者ならば、計画にずけずけと注文をつけてきて、確実に客付けに結びつける冴え者もいるから、なかなかあなどれないのである。

また、敷金や礼金の扱いについては、地域慣例もあるだろうが、最近では保証金として預かって、そのうち何%を敷引き（敷金償却）

「見える付加価値」の図示

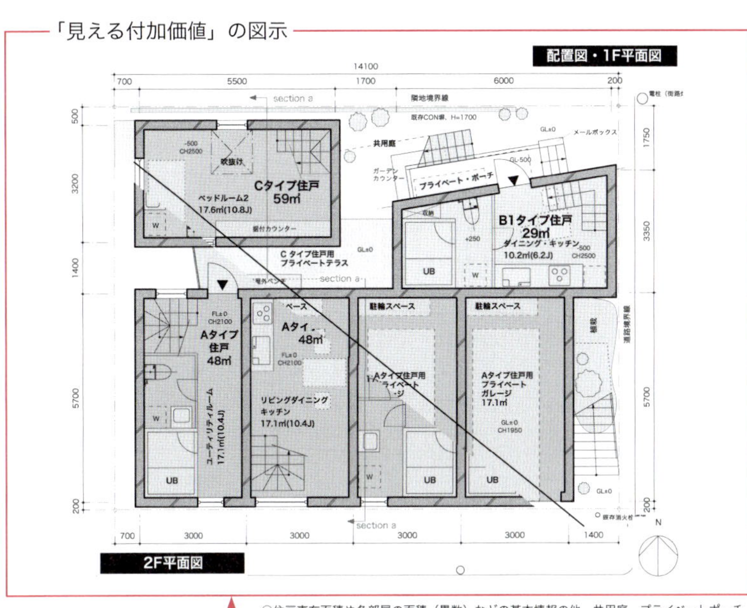

○住戸専有面積や各部屋の面積（畳数）などの基本情報の他、共用庭、プライベートポーチ、プライベートテラス等、付加価値を平面図などに図示する。
○住戸での暮らしぶりを思い描けるよう家具などの添景も図示。

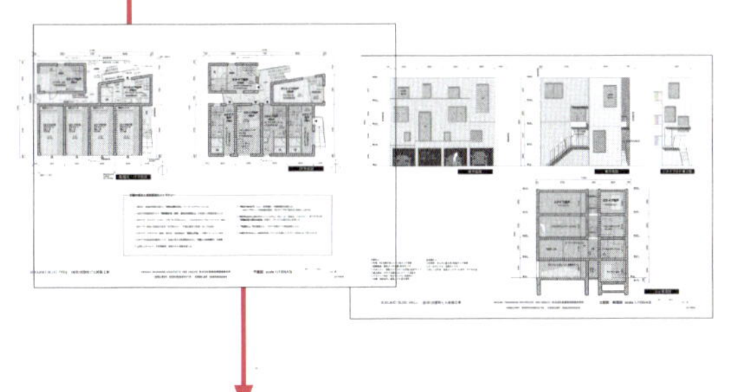

「見えない付加価値」の明記

○南向き・角地の利点を活かし「街角の顔になる」ファサードデザインとした。
○A、B、Cの群島形式により「機械置き場・換気・採光の効率向上」を目指した配置計画とした。
○Aタイプ…プライベートガレージ付き「トリプレット（住戸内3階建て）」。クルマ好きカップルやファミリー向け。
○Bタイプ…明るい吹抜けのある「メゾネット（住戸内2階建て）」。手頃な家賃で単身〜カップル向け。
○Cタイプ…プライバシー重視・庭付き・全周採光の「棟貸し戸建て」。子育てファミリー向け。
○Cタイプは特に、法定採光を確保しつつ、自由に使える「脱通路・2階レベルでの中廊下」を採用。
○上記の構成により、エレベータを設置せず、初期投資・管理コストの低減を図った。
○「高さ10m以下」とし、日影規制・斜線規制を回避した。具体的にはAタイプのガレージ天高を低めに設定し、Bおよびcタイプの1階を地面より0.5m下げて地下扱いとした。
○土地与件の容積率200%上限のデメリットを克服すべく、ガレージや吹抜け、バルコにーや軒下テラスをつくって「容積非参入部分の充実」を図り、プレミアム感を上げた。
○「柱・梁なし」の壁式構造とし、コストを抑えつつ、自由な設計を心がけた。
○外壁をRC打放し仕上げとし、内壁は幅木なし・ペイント仕上げにて、デザイン性の向上と低コスト化をめざした。

図1　設計者・デザイナーの基本計画図を用いた家賃査定資料

表1　家賃査定結果の一覧

住戸名称・専有面積	特記	数	不動産仲介社による月極賃料（単位：円）					平均
			A社	B社	C社	D社	E社	
501（Gタイプ住戸）専有面積 71.61㎡	トランクルーム有	1戸	192,000	185,000	180,000	190,000	165,000	182,400
502（Lタイプ住戸）専有面積 69.20㎡	—	1戸	190,000	184,000	176,000	185,000	162,000	179,400
401（Gタイプ住戸）専有面積 71.61㎡	トランクルーム有	1戸	182,000	183,000	177,000	190,000	160,000	178,400
402（Lタイプ住戸）専有面積 69.20㎡	—	1戸	180,000	180,000	175,000	185,000	157,000	175,400
301（Eタイプ住戸）専有面積 71.61㎡	トランクルーム有	1戸	180,000	180,000	174,000	186,000	155,000	175,000
302（Fタイプ住戸）専有面積 69.20㎡	—	1戸	178,000	178,000	172,000	181,000	153,000	172,400
201（Gタイプ住戸）専有面積 71.61㎡	トランクルーム有	1戸	178,000	178,000	171,000	180,000	152,000	171,800
202（Lタイプ住戸）専有面積 69.20㎡	—	1戸	176,000	175,000	169,000	175,000	149,000	168,800
101（Sタイプ住戸）専有面積 61.570㎡	専用テラス有	1戸	165,000	170,000	160,000	150,000	140,000	157,000
共益費	—	9戸分	10,000	8,000	8,500	8,500	8,500	8,700
駐車場 No.1-6	自走・並列	6区画	24,000	22,000	24,000	24,000	20,000	22,800
駐車場 No.7 および8	自走・縦列	2区画	22,000	22,000	22,000	24,000	20,000	22,000
月額合計賃料			1,677,000	1,665,000	1,608,500	1,678,500	1,441,500	1,614,100
年間合計賃料			20,124,000	19,980,000	19,302,000	20,142,000	17,298,000	19,369,200
敷金または保証金・償却			3か月・50%	3か月・50%	3か月・都度判断	2か月・50%	2か月分・都度判断	2か月分・50%
礼金			1か月分	1か月分	1か月分	—	1か月分	1か月分

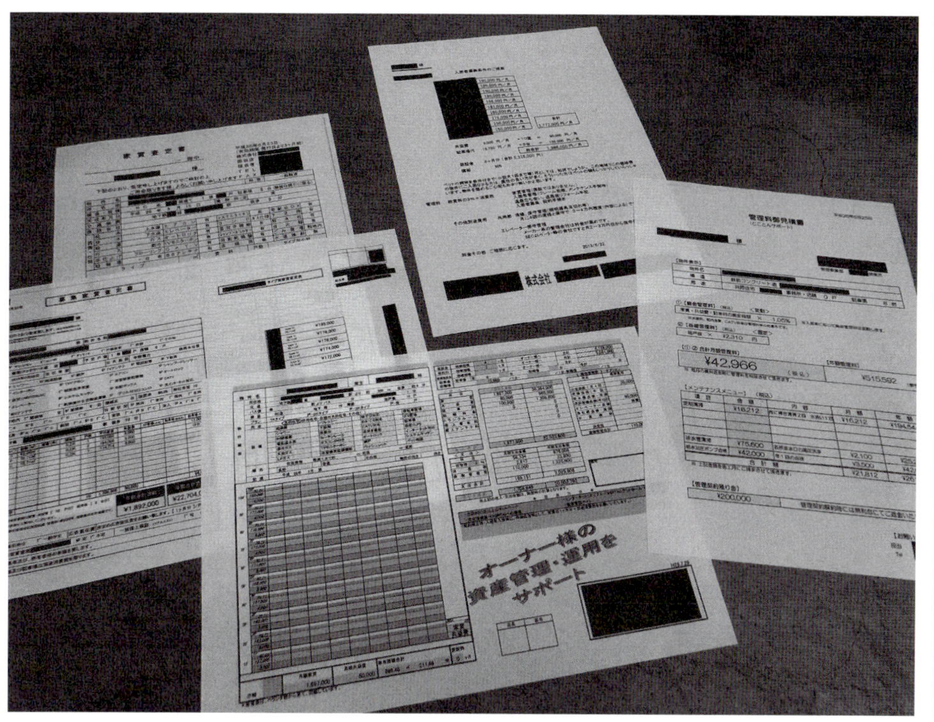

図3　仲介の各社から提出された家賃査定書（右はじの書類は管理費用の概算書）

とするかを賃貸借契約時に決める。例えば「保証金4か月・償却50%」ならば、2か月分を退去時に返金し、のこり2か月分を原状復帰工事費に充当することになる。この償却分のパーセンテージは、物件の仕様やペット共生の可・不可などを鑑み、担当業者と話し合いながら流動的に扱うとよい。

3.7 運営諸経費を試算する

賃貸型集合住宅の運営諸経費は、そのほとんどが共用部の維持管理にかかるものとなる。多くの不動産仲介業者は、客付けと並行して、建物管理業務も提供しているので、3.6節で説明した家賃査定とあわせ、管理費の項目とその概算を提示してもらうとよい。低層・小規模の集合住宅なら大した経費にはならないが、エレベータやオートロックがあったり、非常用放水口つまり連結送水管設備をもつ高層建物だと、管理会社によるマネジメントフィー（入退去管理・家賃回収等の一般管理業務費のこと、回収家賃の3〜5%）の他に、相応の実費負担がかかる（表1）。

日常清掃は、基本的には共用部廊下・階段室・エレベータかご内を対象とした、掃除機・ほうきによる簡易清掃程度と捉えるとよい。頻度は週1回、多くて2回で十分である。またこれには植栽がある物件では定期的な水やりの他、簡易剪定が含まれる場合もある。手の触れる手すりや門扉の引き手などは拭き掃除も行ってくれるが、例えば壁面についたクモの巣除去や、鉄扉の拭き掃除など、「これくらいはやってくれてもいいのに」と思うようなことがオプション料金扱いになるため、これらは年1〜2回実施する定期清掃に任せるほかない。あまり気になるようならば、オーナー自ら雑巾片手に掃除に出向けばよいだろう。

また水道メーターの検針については、「戸数扱い（建物全体で1つのメーターとし、戸数で割戻し検針値とする場合）」と「各戸検針（各戸専用のメーターがある場合）」の2つの制度があり、前者で行う物件の場合は、検針業務を管理会社に依頼する場合はその費用がかかる。

その他、年度ごとの経費にはならないものとしては、3〜5年ごとの排水管洗浄費用や、突発的な自然災害・事故等による修繕工事や、屋上防水や外壁の塗装・タイル補修などの大型改修工事に対応するべく、損益上の剰余金として修繕積立金（工事費の0.3〜0.5%程度）を毎年計上しておくとよい。

また、住戸退去時の原状復帰費も、毎年1戸分の住戸賃料の1〜2か月分程度を経費として枠取りしておいたほうがよい。原状回復費とは、退去時に入居者がオーナーに支払う費用のことを指し、敷金または保証金の償却分でこれを補填する。しかし、汚損・破

表1　建物管理諸経費・積立金一覧

項目	頻度等	説明
共用電気・水道・通信料	毎月	共用の水道は、主に清掃時の用水や植栽への水やり等に用いる。また共用電気は、集合玄関機や照明機器、上水のブースターポンプ動力の電源として必要。 なお、エレベータやピット内地下水ポンプなどの異常通報用に専用電話回線を引くため若干の通信料がかかる。
エレベータ動力電気代	毎月	共用電気代に含んでもよいが、オーナーとして目安の料金を知っておいたほうがよい。
エレベータ定期保守・点検	毎月	稼働状況の遠隔監視、防犯カメラの保守点検も含まれる。建物管理会社に依頼してもよいが、エレベータ管理会社とオーナーが直接契約しても問題ない。
消防設備点検（法定）	年2回	感知器等機器点検の他、避難経路の保全などに関する総合点検、連結送水管耐圧試験を含む。
ブースターポンプ保守点検	年1回	上水の水圧には地域差があるため、高層建築ではブースターポンプを経由・増圧し、各住戸に引き込む必要が出てくる。水圧不良の原因は、大方このポンプの故障によるものである。
貯水タンク清掃	年1回	定期的な清掃・メンテナンスを怠ると濁り水の原因になる。
マネジメントフィー（一般管理業務費）	回収家賃の3-5%程度	入居手続、退去精算、家賃回収、入金督促事務、緊急時対応窓口業務など。内容に応じてオプショナルサービスとしている建物管理会社もある。
共用部設備点検	随時	照明機器の管球交換や、オートドア・宅配ボックス・集合玄関機の点検を行う。交換・修理は実費対応だが、安価な電球程度ならば点検費に含む管理会社もある。
水道検針代行	該当建物の場合のみ	「戸数扱い（建物全体で1つのメーターとし、戸数で割戻し検針値とする場合）」と「各戸検針（各戸専用のメーターがある場合）」の2つの制度があり、前者で行う物件の場合は、検針業務を管理会社に依頼する。
日常清掃	毎週1回	廊下やエレベータホールなどの共用部清掃のこと。植栽の水やりも含む場合もある。またこの費用は、建物規模で決める場合と、戸あたり単価によって決まっている場合がある。
定期清掃	年1〜2回	日常清掃では対応しない壁面の汚れやクモの巣除去のほか、床タイル面の汚損を機械洗浄する。
排水管洗浄	3〜5年ごと	中古物件等では鉄製の排水管を用いていることが多く、管内の付着サビに汚れが溜まりやすい。しかし一方でサビの進行が激しい場合は、洗浄中に破損・破裂しやすく注意が必要。
駐車場保守点検	年4回	機械式駐車場の場合は定期的な保守点検が必要。点検箇所数も多く、一般的に高額である。
退去時の原状復帰費	剰余金として常に保持	一般的に、原状回復費とは、退去時に入居者がオーナーに支払う費用を指すが、賃貸借契約時の敷金または保証金の償却分でこれを補填する。しかし汚損・破損がひどく、床フローリングの全面張り替え等、到底この金額内で工事が収まらない場合に対処すべく、毎年、住戸賃料の1〜2か月分を常に余剰金として見込んでおいたほうがよい。
修繕積立金（ES：Effective Stock）	毎年	経費として扱わない積立金。入退去時の原状復帰とは別に、自然災害による突発的な修繕工事や、築後5〜10年ごとにかかる防水・外壁メンテナンスなどの大型改修工事のための剰余金を積立ておく。一般的には工事費の0.3〜0.5%を毎年計上するとよい。

損がひどく、床フローリングの全面張り替え等、到底この金額内で工事が収まらない場合にも困らぬよう、現金としてプールしておいたほうがよいということである。

3.8 企画に左右される営業収入

住戸や駐車場賃料の査定が済み、一通りの運営諸経費・積立金の試算が済んだら、営業収入の算定をしてみよう。ここでいう営業収入とは営業純利益（NOI：Net Operation Income）とも呼ばれ、ビジネス財務三表における損益計算に値するが、プロジェクトはまだ企画段階なので、ここでは単年度で算定する。算定にあたっては、その根拠となるデータを表1の一連としてまとめる。各表の通し番号・英文字記号などは、後述の計算時のリファレンスとしてあり、また欄内の金額・数値は、都市部郊外立地の、RC造3階建てにて、延べ面積312㎡、全戸屋根付き駐車場完備、住戸3タイプとも単身・夫婦向け1LDK～ファミリー向け2LDKクラスの建物をケースサンプルとして当てはめている。

表1のA（住戸部分収入）と表のB（駐車場収入）では、査定賃料に稼働率（想定される実質的な入居率）を掛けている。これは、立地に基づく客付けの良し悪しや、入居未成約時の空室期間などを総合的に判断し、想定値として85～95%としておく。100%はまずあり得ない[注1)]。

表1のC（募集条件）とG（総事業費の概算）は、営業収入の算定に直接関係しないが、全体の投資分析シート作成にあたり後々必要になるので、あらかじめ作成しておく。表1のD（運営諸経費）とE（長期メンテナンス費）は、3.7節で示した項目のうち必要なもののみを抽出してある。また年度を超える必要経費については、単年度分に割り戻して計上してある。

表1のF（営業収入）は、A+BからD+Eを引き、さらに建物・土地固定資産税（推定）を引いたものとなる。また、建物固定資産税は自治体により課税標準税率が異なる場合があることと、3階建て以上の耐火・準耐火構造住宅の場合は新築後5年間の減額措置期間が設けられている点に注意のこと。

最後に表1のG（収入分析）において、総潜在収入（GPI：Gross Potential Income）に対する各項目の割合を出しておく。特に注視すべきは、近年の不動産投資の現況と見通しの中にあって、投資の実力を測る目安となる「NOI率」、すなわち総潜在収入に対して営業収入の占める割合（%）である[注2)]。

注1）余談ではあるが、一部の金融機関では、稼働率75%程度として返済可能かを見て融資査定を行っているので、全体の投資分析シートができたら仮に入力して返済リスクをみるとよい。

注2）これは地域市場の様態や立地特性などとも連関しているが、いかにして地域オンリーワンの企画を立て、経費を抑える住戸計画を成し遂げるかで、競争力をつけられるかを見極める指標ともなる。

表1　営業収入の算定と分析

A. 住戸部分収入

（単位：円）

	項目	1住戸賃料	戸数	月額賃料	稼働率	NET月額	NET年額
1	Aタイプ住戸（51.0㎡）	135,000	4	540,000	85%	459,000	5,508,000
2	Bタイプ住戸（34.2㎡）	83,000	2	166,000	85%	141,100	1,693,200
3	Cタイプ住戸（59㎡）	153,000	1	153,000	85%	130,050	1,560,600
4	共益費	8,500	7	59,500	85%	50,575	606,900
5	計			**918,500**		**780,725**	**9,368,700**

B. 駐車場収入（消費税込）

	項目	区画単価	数	月額賃料	稼動率	NET月額	NET年額
6	駐車場（Aタイプ住戸専用）	16,500	4	66,000	85%	56,100	673,200
7	計			**66,000**		**56,100**	**673,200**

C. 募集条件

	項目	設定	
8	敷金または保証金	3	か月分・50%償却とする
9	礼金	—	か月分
10	全室ペット　可　・　○不可		

D. 運営諸経費

	項目		月額	年額
11	共用電気・水道代		30,000	360,000
12	エレベーター点検費　　（該当なし）		0	0
13	エレベーター動力電気代　（該当なし）		0	0
14	消防設備・連結送水管点検		1,000	12,000
15	ブースターポンプ等点検費		3,333	40,000
16	定期清掃（400円/戸×週、月々4回として算定）		11,200	134,400
17	機械（自動火災報知器、ポンプ等）警備費・通信契約費		8,000	96,000
18	縦管等高圧洗浄		2,083	25,000
19	原状復帰工事費		15,000	180,000
20	マネジメントフィー	4%	33,473	401,676
21	消費税	8%	8,327	99,926
22	計		**112,417**	**1,349,002**

E. 長期メンテナンス費（ES：Effective Stock）

	項目	月額	年額
23	修繕積立金（本体工事費の0.3%を計上）	19,725	236,700
24	計	19,725	236,700

F. 営業収入算定根拠

	項目	月額	年額
25	A. 住戸部分収入	780,725	9,368,700
26	B. 駐車場収入（消費税込）	56,100	673,200
27	D. 運営諸経費	112,417	1,349,000
28	E. 長期メンテナンス（修繕積立金扱い）	19,725	236,700
29	建物固定資産税等（年額推定とし月額に割戻し、軽減措置5年内）	33,958	407,500
30	土地固定資産税等（年額推定とし月額に割戻し）	4,917	59,000

G. 営業収入（NOI：Net Operating Income）の算定と分析

	項目	摘要・説明	月額	年額	GPIとの割合
64	総潜在収入	GPI：Gross Potential Income、#5+#7	984,500	11,814,000	100%
65	予想空室損失	15%と設定、家賃保証の場合は管理料分を控除	147,675	1,772,100	15.00%
66	賃料未回収損	入居者の滞納のよる賃料未回収損失	滞納保証付として0	滞納保証付として0	-
67	実行総収入	EGI：Effective Gross Income、GPI-上記65	836,825	10,041,900	85.00%
68	運営費	運営諸経費＋固定資産税（推定）	151,292	1,815,504	15.37%
69	修繕積立金	ES：Effective Stock、長期メンテナンス費	19,725	236,700	2.00%
70	営業収入	NOI：Net Operating Income {#25+#26}－{#27+#28+#29+#30}	665,808	7,989,696	67.63%

3.9 NOI利回りを重視する

「投資型」企画ならば、買い付ける土地の価格や地の利が事業性に見合うものなのか早急に判断したいし、「節税型」ならば、後世に残すべくの資産形成に与するものなのかを事業着手の前に知っておくべきだろう。3.8節の表A～Gを用いて、ここでは企画の妥当性・安定性・将来性を客観的に捉えるべく、表1に示す連表を作成し、投資分析指標を得ることとする。

金融機関の融資を受ける場合は、まず表1のHのように、年間元利返済額（ADS：Annual Debt Service）を算定する。金利や返済期間については、選定先の金融期間の提示に従うのがよいが、単に金利が低いことを理由にするより、借入金額に対する年間返済額の割合を示すローン定数（Loan Constant）がより低いほうが、無理なく返済し続けていける。また、自己資金の投入については、投資型・節税型を問わず必須ではないが、自己資金に対する投資回収効果を期待する場合は、投資分析表にもとづいて適切な額を積むとよい。また自己資金ゼロでは融資が受けられないのではないかと懸念される向きもあるだろうが、金融機関の融資査定は、それよりも個人信用度と、土地等の物的担保の量に左右される。また表中の総事業費は、後述の表KおよびLの総事業費の算定根拠をつくって用いる（表2）。これは1.8節でもすでに触れているが、本章で示すケースサンプルの実データとして提示しているので参考にされたい。また表のLでは工事費の坪単価の目安値を出しているが、これは設計者・デザイナーから示された基本設計図を元にした施工会社の粗見積であるから、当然工事請負契約時までには費用の増減が想定されるため、地域性や地理的特質を加味した坪単価を抑えておくと、後に別なる企画を立てる際に有益な情報となる。

表1のIには、営業純利益である営業収入（NOI：Net Operating Income）から、融資先への返済額（ADS）を差し引いて手元に残る額である税引前キャッシュフロー（BTCF：Before Tax Cash Flow）を試算している。一般的には、建物の減価償却期間や、借入金返済期間を鑑み、長期キャッシュフロー試算表を用いることが多いが、金利変動や経費の増減等、未知数が多すぎるため、あまり有用とは言えないため、本書では単年度の税引前キ

ャッシュフローとして扱うことにした。

最後に表1のJとして、投資分析指標の一覧をつくる。まずもっともポピュラーなものとしては、総潜在収入を総事業費で除した割合を示す「表面利回り」である。建築費・土地値高騰の昨今の経済動向からすると、土地・建物を含めた「投資型」では、8%を確保するのが困難になりつつある。これにあわせ、将来の消費増税時には、さらなる低迷が懸念される。また、総潜在収入も、総事業費額も、企画の外的要因で決定づけられてしまう側面があるため、企画の良さを活かしきれない指標とも捉えられる。

一方、営業収入ベースで総事業費を除した割合を示す「NOI利回り」については、近年目減りしつつある表面利回りに対し、企画の良さ・エッジの立て方・経費低減などの企業努力を実効的に加味できる指標となる。目利きの投資家や腕の立つデザイナーは、NOI利回りを意識した企画・設計を心がけるべきである。また、その他の指標と計算根拠・判断基準は表にまとめたとおりであるが、以上の表3の「住戸部分収入」から「営業収入算定根拠」を含むすべて組み上げれば、土地値や住戸グレード・賃料、経費や建築費の各費目などをパラメータにし、全体を通じてバランスのとれた事業性を追求できるはずである。

そして最後に、以上の事業費・営業収入・投資分析をひとまとめにすると全体像が把握しやすい。表3は企画実例に基づいて組み上げた連表で、購入を検討中の土地代が妥当なものなのかを判断できるようになっている。もし仮に土地代が下がらないならば、建築諸経費か、住戸部分収入の調整でどうカバーするかが、インタラクティブに検討できる。是非面倒がらずに挑戦して頂きたい。

表1 投資分析指標

H. 年間元利返済額（ADS：Annual Debt Service）算定

（単位：円）

	項目	摘要・説明	金額
71	総事業費	TPC、別表Kにて概算根拠を示す。	157,623,200
72	自己資金	必ずしも必要とは限らない。	6,000,000
73	借入金	融資相当額にあたる。	151,623,200

	融資機関	返済期間	金利	借入金額	変動	固定	月間返済額	年間返済額（ADS）	ローン定数※
74	金融公庫	35年	1.20%	151,623,200			510,603	6,127,236	4.04%
	銀行	30年	1.10%	151,623,200		✓	494,676	5,936,112	3.92%
	その他								
75	計			**151,623,200**			**494,676**	**5,936,112**	**3.92%**

※借入金額に対する年間返済額の割合。融資先を選ぶ際には、ローン定数が低い融資プランを選ぶとよい。

I. 税引前キャッシュフロー（BTCF：Before Tax Cash Flow）試算※

	項目	年額
76	営業収入 NOI	7,989,696
77	年間元利返済額 ADS	5,936,112
78	税引き前キャッシュフロー NOI − ADS	2,053,584

※建物減価償却期間と借入金返済期間を鑑み長期CF試算表を一般に用いるがここでは単年度税引前CFとして試算。

J. 投資分析

	項目	説明	指標
79	表面利回り	「総潜在収入GPI ÷ 総事業費TPC」で算出される最もポピュラーな潜在総収入ベースの利回り指標であるが、建築費と土地値の高騰する近年の経済動向から、土地込みの投資型で8％以上確保するのが難しくなってきている。GPIもTPCも外的要因に左右されがちであるため、この表面利回りは、企画の良さを反映しにくい指標である。	7.5%
80	NOI利回り（またはFCR）	NOI利回りは、総収益率FCRとも呼ばれ、営業収入ベースの利回りを示す指標である。近年目減りしつつある表面利回りに対し、企画の良さや、経費低減等の企業努力を加味した、実効値に近く、知恵や工夫を反映しやすい指標といえる。「NOI利回り ＞ ローン定数K％」となる場合、借入金による投資レバレッジ効果ありと見なせる。逆は不健全な投資となる。節税型なら6％以上、土地からの投資事業なら4％以上は期待したいところである。	5.07%
81	ローン定数K	借入金額に対する年間返済額の割合であり、融資機関での返済方式を選ぶ際には、この値がより低いものを選ぶ。	3.92%
82	融資比率LTV	LTVはLoan to Valueの略称であり、借入金 ÷ 総事業費TPCで算出される融資比率を示す。	96.2%
83	収益分岐点	K×LTVから求められる、総事業費TPCに対する借入金返済額の割合。	3.8%
84	キャッシュフロー利回り	「NOI利回り -（K×LTV）」で求められる指標。つまり総事業費TPCに対する、単年度キャッシュフローCFの割合である。	1.3%
85	債務回収比率DCR	DCRとはDebt Coverage Ratioの略称であり、「総潜在収入NOI ÷ 年間元利返済額ADS」で示される指標。つまり、借入金返済に対するネット収入の倍率指数であり、通常1.2以上を目指すとよい。	1.35
86	自己資金配当率CCR	CCRとはCash on Cash Returnの略称であり、「キャッシュフローCF ÷ 自己資金」すなわち、自己資金に対する投資利回りを示している。「CCR ＞ NOI利回り」となる場合、自己資金投入に対する投資レバレッジ効果が高い（順レバ）と評価できる。自己資金をあえて低くし、高い順レバを期待したい場合に留意するとよい。	34.0%
87	投資回収期間PBP	PBPとはPay Back Periodの略称であり「自己資金 ÷ キャッシュフローCF」。投資金額を何年で回収できるかの指標となる。出口戦略もった投資型企画では、重要視すべきである。	2.9年
88	損益分岐点BER	BERとはBreak Even Rateの略称であり、「（運営費 ＋ 年間元利返済額ADS）÷ 総潜在収入GPI」、つまり総潜在収入に占める運営費と返済額の割合を示している。	65.6%
89	収入ダウンの限界率	100 −（損益分岐点BER）で示される指標。全体の賃料がこれより下がる、あるいは実質稼働率がこの数値以下となるとき、借入金の返済が不可能となる。つまり、全住戸の平均稼働率の下限が65％であることであり、長期的に持ち続ける「節税型」「資産形成型」では、事業開始以降、常に注意しておくべき指標となる。	34.4%

表2　総事業費の概算根拠

K. 総事業費（TPC：Total Property Cost）概算

（単位：円）

	項目	摘要	金額
31	共通仮設工事	本体工事の約7.5%	5,917,500
32	建築工事 （躯体、内装、サッシ、金物、ガラス、塗装工事）	同上約61.0%	48,129,000
33	電気工事	同上約8.5%	6,706,500
34	給排水ガス工事	同上約8.0%	6,312,000
35	冷暖房換気工事	同上約5.5%	4,339,500
36	昇降設備工事	0%（通常約1.9%）	0
37	屋外工事（舗道切り下げ、街路樹移設含）	同上約0.9%	710,100
38	造園工事	同上約0.2%	157,800
39	本社および現場諸経費	同上約8.0%	6,312,000
40	値引等含めた現場調整費	同上約0.4%	315,600
41	建築工事費計		78,900,000
42	意匠・構造・設備設計監理費	10%として計上	7,890,000
43	ボーリング・測量および電波障害調査費	1箇所、1式	300,000
44	近隣対策・電波障害対応（予備費）		200,000
45	建築確認申請・適合判定申請料・中間検査料・完了検査料	推定	350,000
46	舗道切下げ等負担費	推定	400,000
47	建築諸経費計		9,140,000
48	消費税	工事費＋諸経費の8%として計上	7,043,200
49	融資保証料	推定	
50	火災保険料	時価額80%想定の掛金を設定	110,000
51	登記料	推定	270,000
52	不動産取得税（建物）	推定	
53	工事期間中金利	該当なし	
54	印紙税		100,000
55	抵当権設定登記費	債権金額に対して設定	
56	水道負担金	敷地内引き込み済のため計上なし	
57	土地代	実売買価格を計上	60,000,000
58	上物解体費用	空遊地のため計上なし	0
59	土地の不動産取得税		260,000
60	土地の登録免許税		
61	土地の仲介手数料	取引値の3%+消費税	1,800,000
62	創業費計		69,583,200
63	総事業費　合計		157,623,200

L. 建築工事費の坪単価（目安値として）

設定本体工事費	78,900,000	円
坪単価	648,978	円／坪
延べ面積	401.2	㎡
	121.6	坪

【建物概要】 RC壁構造　地上3階建地下なし　地盤改良なし　延べ面積401.2㎡として算定

【工事費低減のポイント】
○容積200%制限が計画上ネック、1階ガレージは容積非算入かつ価値付けに寄与させた
○全戸とも2階・途中階でのアプローチ採用および住戸内階段としてエレベータ不要とした
○共用部の空間的価値を増すべく、玄関位置をランダム配置し、立体的な長屋形式とした
○Cタイプは上下2つのメゾネットとし、賃料増大することも検討余地とした
○またCタイプは別途シェアハウス風住戸とすることも企画検討余地とした

【住戸タイプ説明】
Aタイプ住戸…若年カップル向け3層トリプレット形式、1階専用ガレージ、2、3階居室
Bタイプ住戸…単身・カップル向け2層メゾネット形式、ガレージ無（容積上限調整のため吹き抜けあり）
Cタイプ住戸…ファミリー向け4階建住戸、ガレージ無（容積上限調整のため吹き抜けあり）

表3　単年度投資分析表（実事例）

土地代 6000 万円 設定

←投資型の場合、土地の価格に対して見合う事業が立てられるかがまず検討事項となる
（逆に言うとどこまで値切れば事業性が確保できるかを知る）

住戸部分収入

（単位：円）

	項目	1住戸賃料	戸数	月額賃料	稼働率	NET 月額	NET 年額
1	Aタイプ住戸（51.0㎡）	135,000	4	540,000	85%	459,000	5,508,000
2	Bタイプ住戸（34.2㎡）	83,000	2	166,000	85%	141,100	1,693,200
3	Cタイプ住戸（59㎡）	153,000	1	153,000	85%	130,050	1,560,600
		0	0	0		0	0
		0	0	0		0	0
4	共益費	8,500	7	59,500	85%	50,575	606,900
5	計			**918,500**		**780,725**	**9,368,700**

駐車場収入（消費税込）

	項目	区画単価	数	月額賃料	稼動率	NET 月額	NET 年額
6	駐車場 （Aタイプ住戸専用）	16,500	4	66,000	85%	56,100	673,200
		0	0	0		0	0
7	計			**66,000**		**56,100**	**673,200**

募集条件

	項目	設定	
8	敷金または保証金	3	か月分・50% 償却とする
9	礼金	—	か月分
10	全室ペット　可　・　○不可		

運営諸経費

	項目		月額	年額
11	共用電気・水道代		30,000	360,000
12	エレベーター点検費　　（該当なし）		0	0
13	エレベーター動力電気代　（該当なし）		0	0
14	消防設備・連結送水管点検		1,000	12,000
15	ブースターポンプ等点検費		3,333	40,000
16	定期清掃（400円 / 戸×週、月々4回として算定）		11,200	134,400
17	機械（自動火災報知器、ポンプ等）警備費・通信契約費		8,000	96,000
18	縦管等高圧洗浄		2,083	25,000
19	原状復帰工事費		15,000	180,000
20	マネジメントフィー	4%	33,473	401,676
21	消費税	8%	8,327	99,926
22	計		**112,417**	**1,349,002**

長期メンテナンス費（ES：Effective Stock）

	項目	月額	年額
23	修繕積立金（本体工事費の0.3%を計上）	19,725	236,700
24	計	19,725	236,700

営業収入算定根拠

	項目	月額	年額
25	A. 住戸部分収入	780,725	9,368,700
26	B. 駐車場収入（消費税込）	56,100	673,200
27	D. 運営諸経費	112,417	1,349,000
28	E. 長期メンテナンス（修繕積立金扱い）	19,725	236,700
29	建物固定資産税等（年額推定とし月額に割戻し、軽減措置5年内）	33,958	407,500
30	土地固定資産税等（年額推定とし月額に割戻し）	4,917	59,000

総事業費（TPC：Total Property Cost）概算

（単位：円）

	項目	摘要	金額
31	共通仮設工事	本体工事の約 7.5%	5,917,500
32	建築工事 （躯体、内装、サッシ、金物、ガラス、塗装工事）	同上約 61.0%	48,129,000
33	電気工事	同上約 8.5%	6,706,500
34	給排水ガス工事	同上約 8.0%	6,312,000
35	冷暖房換気工事	同上約 5.5%	4,339,500
36	昇降設備工事	0%（通常約 1.9%）	0
37	屋外工事（舗道切り下げ、街路樹移設含）	同上約 0.9%	710,100
38	造園工事	同上約 0.2%	157,800
39	本社および現場諸経費	同上約 8.0%	6,312,000
40	値引等含めた現場調整費	同上約 0.4%	315,600
41	建築工事費計		78,900,000
42	意匠・構造・設備設計監理費	10% として計上	7,890,000
43	ボーリング・測量および電波障害調査費	1 箇所、1 式	300,000
44	近隣対策・電波障害対応（予備費）		200,000
45	建築確認申請・適合判定申請料・中間検査料・完了検査料	推定	350,000
46	舗道切下げ等負担費	推定	400,000
47	建築諸経費計		9,140,000
48	消費税	工事費 + 諸経費の 8% として計上	7,043,200
49	融資保証料	推定	
50	火災保険料	時価額 80% 想定の掛金を設定	110,000
51	登記料	推定	270,000
52	不動産取得税（建物）	推定	
53	工事期間中金利	該当なし	
54	印紙税		100,000
55	抵当権設定登記費	債権金額に対して設定	
56	水道負担金	敷地内引き込み済のため計上なし	
57	土地代	実売買価格を計上	60,000,000
58	上物解体費用	空遊地のため計上なし	0
59	土地の不動産取得税		260,000
60	土地の登録免許税		
61	土地の仲介手数料	取引値の 3%+ 消費税	1,800,000
62	創業費計		69,583,200
63	総事業費　合計		157,623,200

工事費単価の目安値

設定本体工事費	78,900,000	円
坪単価	648,978	円／坪
延面積	401.2	㎡
=	121.6	坪

※容積 200% 制限が計画上ネック、1 階ガレージは容積非算入かつ価値付けに寄与させた
※全戸とも 2 階・途中階でのアプローチ採用および住戸内階段としてエレベータ不要とした
※共用部の空間的価値を増すべく、玄関位置をランダム配置し、立体的な長屋形式とした
※なお C タイプは上下 2 つのメゾネットとし、賃料増大することも検討余地とした
※また C タイプは別途シェアハウス風住戸とすることも検討余地とした

【住戸タイプ説明】
A タイプ住戸…若年カップル向け 3 層トリプレット形式、1 階専用ガレージ、2,3 階居室
B タイプ住戸…単身・カップル向け 2 層メゾネット形式、ガレージなし（容積上限調整のため吹き抜けあり）
C タイプ住戸…ファミリー向け 4 階建住戸、ガレージなし（容積上限調整のため吹き抜けあり）

営業収入（NOI：Net Operating Income）の算定と分析

（単位：円）

	項目	摘要・説明	月額	年額	GPIとの割合
64	総潜在収入	GPI：Gross Potential Income、#5+#7	984,500	11,814,000	100%
65	予想空室損失	15%と設定、家賃保証の場合は管理料分を控除	147,675	1,772,100	15.00%
66	賃料未回収損	入居者の滞納のよる賃料未回収損失	滞納保証付として0	滞納保証付として0	-
67	実行総収入	EGI：Effective Gross Income、GPI-上記65	836,825	10,041,900	85.00%
68	運営費	運営諸経費＋固定資産税（推定）	151,292	1,815,504	15.37%
69	修繕積立金	ES：Effective Stock、長期メンテナンス費	19,725	236,700	2.00%
70	営業収入	"NOI：Net Operating Income {#25+#26}-{#27+#28+#29+#30}"	665,808	7,989,696	67.63%

年間元利返済額（ADS：Annual Debt Service）算定

（単位：円）

	項目	摘要・説明	金額
71	総事業費	TPC、別表Kにて概算根拠を示す。	157,623,200
72	自己資金	EquityAmount、必ずしも必要とは限らない。	6,000,000
73	借入金	LoanAmount、融資相当額にあたる。	151,623,200

	融資機関	返済期間	金利	借入金額	変動	固定	月間返済額	年間返済額（ADS）	ローン定数※
74	金融公庫	35年	1.20%	151,623,200			510,603	6,127,236	4.04%
	銀行	30年	1.10%	151,623,200		✓	494,676	5,936,112	3.92%
	その他								
75	計			**151,623,200**			**494,676**	**5,936,112**	**3.92%**

税引前キャッシュフロー（BTCF：Before Tax Cash Flow）試算※

	項目	月額	年額
76	営業収入（NOI）	665,808	7,989,696
77	年間元利返済額（ADS）	494,676	5,936,112
78	税引き前キャッシュフロー（NOI－ADS）	171,132	2,053,584

投資分析

	項目	説明	指標
79	**表面利回り**	GPI÷TPC、潜在収入ベースの利回り値	7.50%
80	**NOI利回り**	F&CR：NOI÷TPC、営業収入ベースの利回り値	5.07%
81	**ローン定数**	K：Loan Constant、借入金額に対する年間返済額の割合	3.92%
82	**融資比率**	LTV：Loan To Value、借入金÷トータルコスト、トータルコストに対する融資額比率	96.19%
83	**収益分岐点**	K×LTV、トータルコストに対する借入金返済額の割合	3.77%
84	**キャッシュフロー利回り**	F&CR-（K×LTV）、トータルコストに対する税引前キャッシュフローの割合	1.30%
85	**債務回収比率**	DCR：Debt Coverage Ratio、NOI÷ADS、借入金返済に対するネット収入の倍率指数、アベレージ1.2以上	1.35
86	**自己資金配当率**	CCR：Cash on Cash Return、税引前キャッシュフロー÷自己資金、自己資金に対する投資利回り	34%
87	**投資回収期間**	PayBackPeriod、自己資金÷キャッシュフロー、投資金額に対する回収期間指標	2.9年
88	**損益分岐点**	BER：Break Even Rate、総潜在収入に占める運営費と年間元利返済額ADSの割合	65.6%
89	**収入ダウンの限界率**	100－BER（%）、賃料がこれより下がると返済不可能となるラインを示すもの	34.4%

第2部

実践編

企画に基づいたデザインをする

4 ― 設計フローと計画の方針立て

4.1 設計フローと完成までの工程

デザイナー（設計監理者）は建物完成までの流れをイメージできるが、投資家・オーナー（建築主）はスケジュールを把握しにくい。企画がまとまって計画実行を決断してから実際の収入が得られるまでに長い期間を要する投資なので、おおよその流れを把握しておくことで建築主としての作業も進めやすい。

◉基本設計：全体構成と間取りをつくる

企画がまとまったら、その内容に基づいて基本プランの検討を進めていく。建物全体のボリュームや住戸面積、住戸数、立地・周辺環境・ターゲットなどから想定するデザインの方向性を押さえながら、実際の敷地に具体的なプランを作製してゆく。集合住宅は建築基準法上「共同住宅」と「長屋」に分類され、「共同住宅」は建築基準法上「特殊建築物」に分類される。「特殊建築物」は建築基準法上の規制が厳しく、行政区毎に定められた様々な条例上の制限も多くなり、これらを一つ一つクリアしながら基本設計を進めてゆく。実際には企画に対して最適な１案を容易に導けることはなく、複数の案をつくり、それらを比較検討し、基本設計をまとめていく（図1）。この間、当初の企画を見直しながら、企画の部分的な変更もあるだろう。

◉実施設計：仕様を決めて細部を決める

基本設計がまとまったら、実施設計を進める。基本設計図書を元に、構造設計事務所、設備設計事務所と並行して設計を進め、技術的な内容を調整しながら建築の細部まで設計を行う（図2）。作業内容が専門的になり、各設計者間での打合せが多くなり互いに検討を繰り返す時期でもあるので、建築主との打合せは少なくなることもある。

建築主は、外壁や内装の仕上げ、建具、クローゼットや洗面収納などの造作、衛生機器や照明器具などの仕様全般を確認することも多く、設計者からの提案内容を前提とすることもあれば、建築主自ら積極的に要望を出すこともある。

◉工事費の積算：本当に必要なものを見極める

実施設計図を基に建設会社に建築費の積算を依頼し工事費が確定する。企画で定めた建築工事費内におさまらない場合は、仕様変更等で本当に必要なものを見極めながら調整を行う。建築主

図1　基本設計中の検討模型
基本設計では1/100の縮尺を基本として模型を作成することが多い。写真は進行中の5つの集合住宅プロジェクトの模型。ひとつのプロジェクトで複数の案をつくるがそのたびに模型を制作する

図2　意匠設計者と設備設計者の打ち合わせ
図面、模型共に縮尺を上げて検討する

表1　見積もり調整リスト

■減額リスト　物件名 下北沢の集合住宅　2018/4/21

1)水色で示した列は、頂いた見積り書の数量と金額です。
2)黄色で示した列は、設計変更・査定による数量と金額です。この列には明らかな数値と私共の想定する数値が混在しています。
3)赤色で示した列は、「2)で算出された金額−1)で算出された金額」となります。
4)設計変更のうち補足説明として、本表の下段にメーカーサイトなどのURLを記載しておきます。
5)再見積りの結果の提出については、御社の見積り書の書式に清書して頂くか、本表をそのままご活用頂いても結構です。

No.	工事種別	名称			見積り 数量	単価	金額	変更後見積り 数量	単価	金額	差額	備考
1	2.土工事	地盤補強工事			1.0	3,790,000	3,790,000	1.0	3,460,000	3,460,000	-330,000	SST工法(アルテック)構造事務所より確認済み
2	3.コンクリート工事	躯体コンクリート			450.0	14,200	6,390,000	390.0	14,200	5,538,000	0	構造事務所査定による
3					450.0	1,600	720,000	390.0	1,600	624,000	0	構造事務所査定による
4		型枠工事	化粧材、打ち込み金物、他		1.0	200,000	200,000	1.0	200,000	200,000	0	
5			諸業金物打ち込み費		1.0	300,000	300,000	1.0	300,000	300,000	0	
6	4.鉄筋工事				60.0	80,000	4,800,000	54.8	80,000	4,368,000	0	構造事務所査定による
7					60.0	70,000	4,200,000	54.6	70,000	3,822,000	0	構造事務所査定による
8					60.0	8,500	510,000	54.6	8,500	464,100	0	構造事務所査定による
9					60.0	3,000	180,000	54.6	3,000	163,800	0	構造事務所査定による
10			基礎ユース		1.0	250,000	250,000	1.0	108,000	108,000	0	高いと思いますので明細お知らせ下さい
11	5.防水工事	屋上 塩ビシート防水	断熱t=40mm シートt=2mm		155.0	10,500	1,627,500	155.0	9,000	1,395,000	0	毎度のことですが単価が高いと思いますのでご確認下さい。
12		ハト小屋 ウレタン塗膜防水			9.0	4,500	40,500	6.5	4,500	29,250	0	数量違い
13	6.金属工事	スチール手摺	[illegible]		23.6	32,000	761,600	23.6	25,000	595,000	0	単価高い。IB metalですか？
14		バルコニースチールガラス手摺			1.0	175,000	175,000	1.0	60,000	60,000	0	単価高い。IB metalですか？下部はコンクリート立ち上がりに溝
15		サッシ出隅 スチール方立			3.0	65,000	195,000	1.0	65,000	65,000	0	301浴室のみ製作方立が必要で、他はサッシメーカーの方立使用
16		窓スチール手摺			18.7	32,000	599,400	18.7	25,000	467,500	0	単価高い。IB metalですか？
17		物干し金物 スチールH鋼			2.0	355,000	710,000	2.0	35,500	71,000	0	1桁間違っていませんか？
18		階段室 スチール手摺			20.0	35,000	700,000	20.0	28,000	560,000	0	単価高い。IB metalですか？
19		窓 スチール手摺			1.0	65,000	65,000	1.0	15,000	15,000	-50,000	設計変更、展開図参照ください
20	8.石タイル工事	賃貸玄関 床タイル	材料		16.0	5,874	93,984	16.0	3,689	59,024	-34,960	共用部とそろえる
21		301トイレ床タイル	材料		7.0	11,200	78,400	7.0	5,100	35,700	-42,700	フローリングに変更
22			工事費		1.0	66,000	66,000	0.0	0	0	-66,000	フローリングに変更
23		301トイレ洗面浴室壁タイル	材料		8.0	28,730	229,840	8.0	16,000	128,000	-101,840	単価違い
24	9.木工事	フローリング材 IOC	アッシュ20ロング　マットコート		1.0	2,050,000	2,050,000	1.0	1,640,000	1,640,000	-410,000	アッシュ20　(フォリーバーチとすると-100万円)
25			チェリー40　マットコート		1.0	820,000	820,000	1.0	550,000	550,000	-270,000	モリパヤシ　F3260 ブラックチェリーN(節あり)自然オイル
26			バーチ20　マットコート		1.0	190,000	190,000	1.0	142,000	142,000	-48,000	前室床暖房中止→フォリーバーチ
27			デッキ工事	材	70.0	21,000	1,470,000	70.0	15,000	1,050,000	0	工法検討
28	10.金属製建具工事	樹脂製複合アルミニウム建具	AW-3	1830*1390	1.0	133,250	133,250	1.0	34,912	34,912	-98,339	AW-21を除き標準サッシに変更
29			AW-12	1880*1710	1.0	151,084	151,084	1.0	39,584	39,584	-111,500	AW-21を除き標準サッシに変更
30			AW-17	1920*1385	1.0	266,501	266,501	1.0	69,823	69,823	-196,678	AW-21を除き標準サッシに変更
31			AW-18	1845*1385	2.0	195,752	391,504	2.0	51,287	102,574	-288,930	AW-21を除き標準サッシに変更
32			AW-27A・27B		1.0	361,472	361,472	1.0	94,706	94,706	-266,766	AW-21を除き標準サッシに変更
33			設計費		1.0	87,606	87,606	1.0	20,000	20,000	-67,606	AW-21を除き標準サッシに変更
34			運搬費		1.0	33,480	33,480	1.0	10,000	10,000	-23,480	AW-21を除き標準サッシに変更
35			取付調整費		1.0	159,030	159,030	1.0	30,000	30,000	-129,030	AW-21を除き標準サッシに変更
36			諸掛り		1.0	76,446	76,446	1.0	20,000	20,000	-56,446	AW-21を除き標準サッシに変更
37		SD-05	PH_MB	記載金額の36.4%	1.0	32,000	32,000	1.0	10,000	10,000	-22,000	アングル+鉄板ビス留めに変更
38		SD-06	共用部庇側	記載金額の36.4%	1.0	69,669	69,669	0.0	0	0	-69,669	中止
39		SD-9	101給湯器	記載金額の36.4%	1.0	94,640	94,640	1.0	30,000	30,000	-64,640	アングル+パンチングメタルビス留め
40		SD-10	201バルコニー	記載金額の36.4%	1.0	210,028	210,028	1.0	100,000	100,000	-110,028	隠し方検討
41		SD-11	202バルコニー	記載金額の36.4%	1.0	200,709	200,709	0.0	0	0	-200,709	給湯器位置変更に伴い中止
42		SD-12	203バルコニー	記載金額の36.4%	1.0	210,028	210,028	0.0	0	0	-210,028	給湯器を地上に移動
43		SD-12	303バルコニー	記載金額の36.4%	1.0	210,028	210,028	1.0	100,000	100,000	-110,028	隠し方検討
44		SD-13	301給湯器	記載金額の36.4%	1.0	122,995	122,995	1.0	30,000	30,000	-92,995	パンチングメタルビス留め
45		GD-1A	風除室道路側/下	記載金額の36.4%	1.0	78,988	78,988	0.0	0	0	-78,988	中止

にとっては、見積書の内容は分かりにくい部分が多く、何に対するコストなのかが理解できない場合がある。気になる項目についてはまとめて設計者に問い合わせると良いだろう。筆者は表１のように調整内容をリスト化し、細かに説明するようにしている。

◉行政への手続き：看板設置と近隣説明・条例・確認申請

見積調整の作業と並行して条例に対する届け出や申請・近隣説明を済ませ、確認申請や構造的に必要な場合は適合性判定を進めていく。建物規模にもよるが、実働で１か月前後の作業となることもある。建築主はほぼ関わることがないが、何の届け出なのかを把握しておくとよい。

◉着工〜竣工：工程を把握して募集にそなえる

すべてがまとまった段階で工事契約を交わして着工となる。設計者は監理者という立場に変わり、建設会社や関連業者との定例打ち合わせを行い、現場の確認をしながら施工が進められる（図3）。この間、建築主は設計者と実施設計で確認仕切れなかった仕上げ材の色や細かな仕様などについての打ち合わせが行われ、最終決定がなされる。数か月から１年以上かけて施工が進められ晴れて竣工となる。

竣工前数か月から入居者募集をはじめることもあり、内覧可能な時期を建設会社に確認しておくとよいが、最終の工程となる外構工事前の土が露出している状態で現場が雑然としていると、かえって建物の印象が悪くなることもある。外構がほぼ完成し、引き渡し直前まで内覧はできないと考えてよい。

図3　躯体工事中の写真

4.2 道路と崖に挟まれた敷地を活かす

敷地は横浜港開港に際して東海道と港を連絡するために幕府が山を切り開いてつくった、大きな切通しの道路に面している（図1）。敷地の背後には崖がせまり、その足元は高さ6mまで古いコンクリートの擁壁で補強され、擁壁の上部には明治初年に創建された神社の森が生い茂っている。周辺の建物をみると、背後の崖と建物との間のスペースは狭く暗い単なる残余のスペースのように見受けられたが、計画によってはこの擁壁と神社の森は十分に魅力的になり得ると考えた。

企画では、1戸あたり40～50㎡ほどの住戸が20戸と小さな事務所が併設される内容である。住戸の配置を様々に検討し、最終的には図2のように、広い前面道路とその反対側の傾斜を臨む3戸（B、C、Dタイプ）×5層の15戸の住戸群と、この住戸群と崖の間に挟まれることによって生まれた空地に面する1戸（Aタイプ）×5層の5戸の住戸群を配置し、2つの住戸群の間を共用部とする構成となった。

この空地は1階住戸の専用庭と共用庭に分けられ、古くからあるコンクリートの擁壁と新しいコンクリートの外壁という新旧の対照的なコンクリートに挟まれた庭となる。共用庭に、六角形のコンクリート製のテーブルと椅子を据えることで、入居者の生活が住戸内に留まらず共用スペースまで広がりをもつイメージとした（図3）。

共用廊下は双方の住戸群の間に位置し、崖側に開くことで庭と擁壁上の森を眺めることができる。入居者にとっての共用部の空間体験は、エレベータを待ったり通過する程度のわずかな時間かもしれないが、周辺環境を活かした気持ちのよいスペースを目指した（図4）。

また、いずれの住戸もリビングスペースや寝室に設けられたメインの開口部からの眺めは様々で、視線もよく抜ける。横浜有数の商業地近くの立地ながら、落ち着いた景観を臨める静かな住まいが実現されている。室内はコンクリート打ち放しやオークのフローリングや扉など、周辺の雰囲気と同調するような比較的素材感の強い材料で仕上げた。

図1　全景

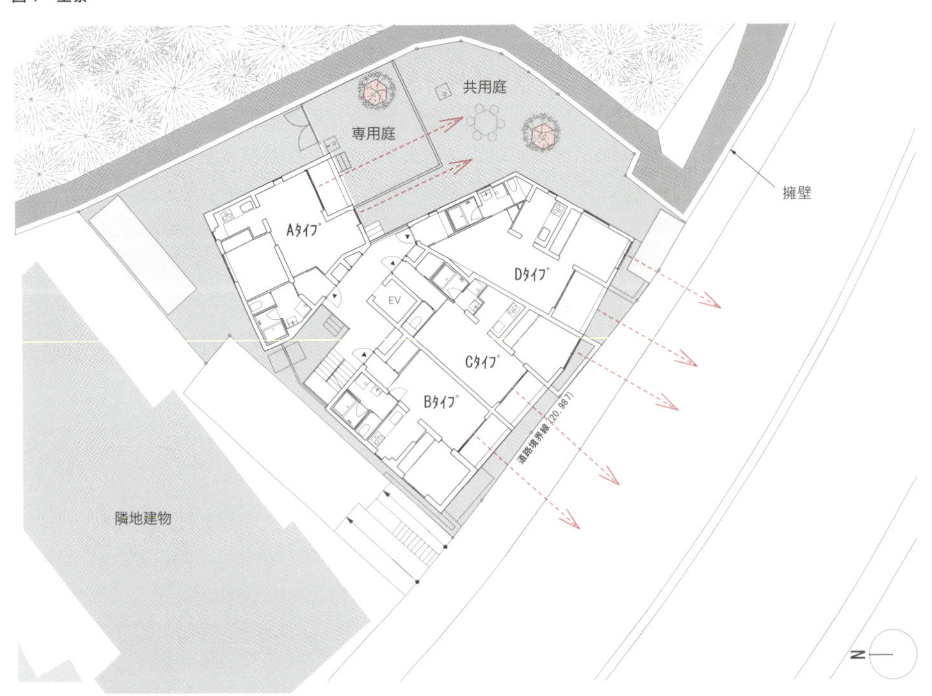

図2　5階平面図　S=1/500

図３　共用庭から穴あきブロックの塀で囲われた専用庭をみる

図4　共用部から森をのぞむ

4.3 敷地の短所を長所に変える

敷地は住宅・賃貸マンション・小規模の工場などが混在したエリアである。間口約 7.5m ×奥行き約 22m の東西に細長い敷地で、東面のみが接道し、他の 3 方は隣地建物に囲まれている（図 1）。南側には隣地アパートの共用廊下が面しているため、定石通りこちらの住戸を南面させるプランをいくつか検討したが、互いにプライバシーの問題が起こることは容易に想像できたので、早々に他のアイデアを模索した。その中で 3 棟の分棟型が有効と思われ、階数、構造、階高、間取りなどを様々にスタディした後、決定したプランが図 2、図 3 である。

敷地の長手方向に建築面積が許容される最大の面積で木造の 3 つのボリュームを並べ、それぞれに各住戸への採光や空の見え方、道路斜線への対処などから形態にばらつきを与えた。ボリューム間のヴォイドには白砂利が敷かれ、天空からの採光のためのコートとして機能し、また分棟形式で小境壁がないことから、木造で懸念される隣戸間の音漏れも解消している（図 5）。

すべての住戸が約 4m の天井高を有し、一部にロフトを設けてできるだけ大きな気積をとった。ロフトは壁で仕切らずに天井までの開口部をもつ吹き抜けに面することで、空間の広がりと共に十分な採光も得られ、単なる物置としてのスペースというよりは居室に近い設えとしている（図 4）。

図 1　正面より俯瞰　手前から奥に 3 棟のボリュームが並ぶ

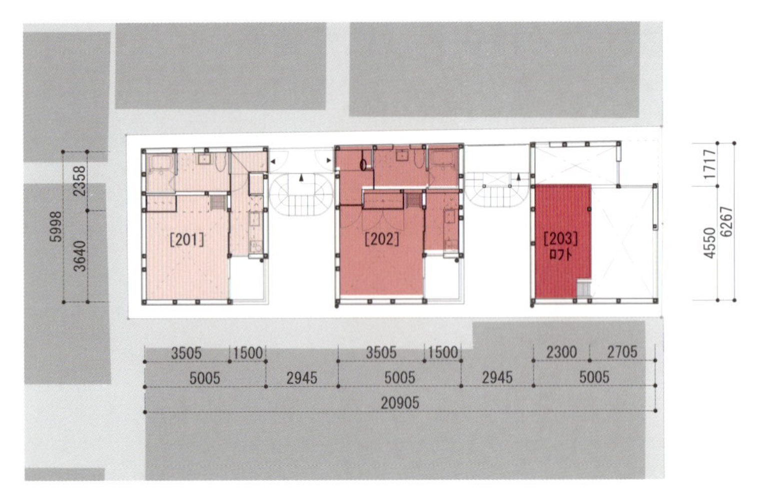

図 2　平面図　S=1/300

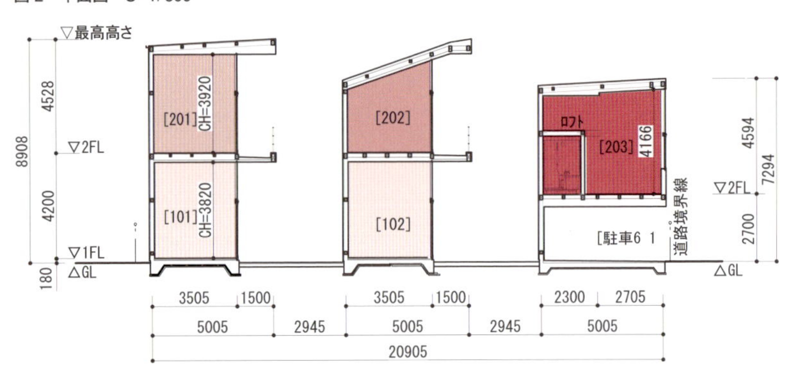

図 3　断面図　S=1/300

図 4　住戸内観

図５　ボリューム間のコート　白砂利が敷かれ、奥に共用階段と共用廊下をみる

4.4 狭小な土地でのプランニング

都心の超高層マンションが立ち並ぶエリアにおける、狭小地の計画である。狭小であることと前面道路幅員が4mであることから高さ制限が周囲の敷地より厳しく、1フロア1戸6層分のエレベータを備えた集合住宅が超高層マンションに埋もれるように建てられた（図1）。

狭小地においてエレベーターを設ける場合、共用部を最小化し住戸面積を最大化する方法として1階床レベルを道路レベルから半層上げる断面計画が有効である（図2）。エントランスからエレベータまでの動線と共用階段を兼用することで、エレベータまでの専用の動線を省くことができる。商業地域でのテナントペンシルビルなどでもよく見かける方法である（図3）。

また、このような断面計画とすることで地下階に窓を設けることもでき、道路面と1階床レベルに大きなレベル差ができることで、敬遠されがちな1階住戸の難点を払拭することができ、実際には「2階」として表示しても違和感のない住戸となる。さらには平面としては小さいながらもエントランスに1.5層分の天井高を与えることができ、共用空間に変化を作り出している。

このプロジェクトでは最終的に地下1階を事務所とし、地上階を住宅として各々のアプローチとなる動線を分けて計画した（図4）。

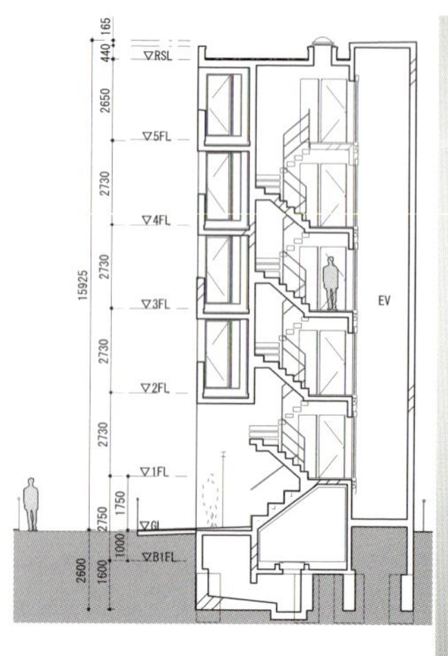

図2　断面図
エントランス・階段・EVの関係

図3　エントランスから階段をみる

図１　計画建物とその周辺環境

図４　正面より

4.5 敷地と条例から形をきめる

東京都安全条例に「窓先空地」という項目があるが、これは各住戸からの避難経路を２つ以上とることを目的とした規定である。１つは各戸の玄関から共用部を経由して道路まで至る日常的に使用している経路、もう１つは窓やバルコニーから条例によって定められた寸法を確保した「窓先空地」を利用して地上へ降り、「敷地内通路」を経由して道路まで至る経路である。つまり間口が狭く奥行きの長い敷地においては、道路に面する住戸は容易に２つの避難経路を確保できるが、道路から奥まった住戸は「窓先空地」と「敷地内通路」を規定通りに設けることが困難な状況が多いのである。

このプロジェクトは、都内の間口6.8m 奥行き18.5m の敷地における単身者用住戸７戸とオーナー住戸１戸の集合住宅の計画である。敷地形状からすべての住戸を道路に面して配置することは不可能で、敷地の手前と奥に住戸を配置し、その間に共用部を設ける計画となった。奥の住戸については「窓先空地」と「敷地内通路」を設けなければならず、道路側のボリュームの１階を上階よりも一回り小さくすることでこれに対応し、駐車スペースも確保している（図１）。この敷地内通路の幅は建物の延床面積で規定され、通路の開放性の確保や建物との区画などの条件等も細かく定められているので注意が必要である。

出来上がった建物は、２階以上が片持ちで支えられていることで構造的に難しい対応となっているが、敷地形状・安全条例などの条件に対応しつつ、企画に基づいたつくるべき建物ボリュームを実現するものとしては、自然な解と言えるだろう。道路側バルコニーには手すりとして高さ1100mm ほどのコンクリートの衝立を立て、道路から見上げた際の給湯器の目隠しとして機能しつつ、オーバーハングしたボリュームの立面を整えている（図２）。

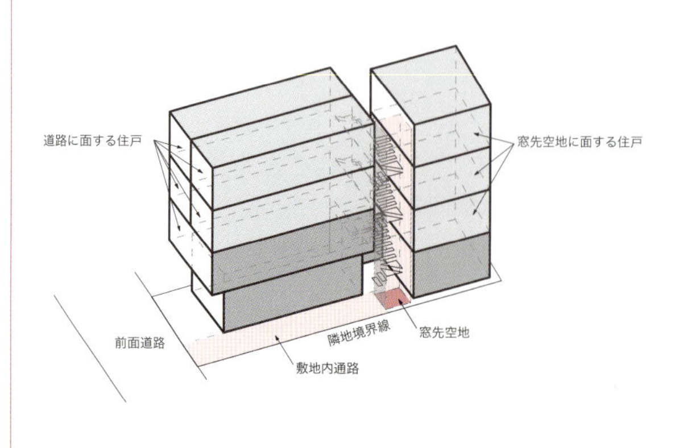

図１　アクソメ　窓先空地、敷地内通路、建物、全面道路の関係

図2　正面より

4.6 街並みを守りながら建てる

敷地は都内の閑静な住宅街で、坂の途中に位置している。道路に沿って高さ1.2～2.0mほどの石垣があり、その上を地盤面として既存の木造アパートが建っていた（図1）。建て替えにあたり、長くこの一画に住んでいたオーナーは石垣を残すことと、新たに建つ建物の外壁は白であることを望んだ。街並みを構成してきた1つの要素である石垣を残し、これに対比させるよう真っ白なボリュームを配置することは新旧の対比ともなり、全体の方針として自然であると考えて、大まかなイメージはすぐに決定された。

図1　建て替え前の石垣、植栽、既存建物

図2　既存石垣とリン酸処理を施した鉄板

2住戸が北側の前面道路に面して並ぶ小さな集合住宅である。一見すると集合住宅とはわかりにくいファサードに、戸境壁が突き当たる部分でわずかに屈曲させることで、住戸の分節らしきを表した（図3）。いずれの住戸もメゾネットで床面積は60㎡、2階の天井高を3,886mmとしてキッチン上にロフトを設け、これを合わせると70㎡ほどの広さとなる。吹き抜けに浮かすようにつくられたキッチンと天井から吊られたロフトの床は仕上げをシナで統一して等価に扱い、インテリアの主要な要素として位置づけている（図4）。

この2住戸へのアプローチは道路境界線の両端にそれぞれ分けて長屋形式とし、そのためにカットした石垣はその切断面をリン酸処理を施した鉄板で押さえるディテールとしている（図2）。

都市空間は建物の建て替えや道路整備、開発により絶え間なく更新されている。そして更新の仕方によっては少しずつその痕跡が蓄積され、都市空間にある種の厚みのようなものを加えられるのではないかと考えている。本計画のように地域の記憶の一片を継承しながら建て替えを行うこともその1つの方法である。

図3　前面道路より

図4　2階内観

5 ― 共用部でバリューアップを狙う

5.1 様々なエントランスデザイン

どのようなビルディングタイプでも、エントランスはその建物の印象を左右する重要な空間であり、集合住宅に関して言えば入居者が日々体感するスペースで各住戸の玄関とは別のもう1つの玄関ともいえる。ここではエントランスを構成する要素について、デザインのポイントや設計に関して押さえておくべき注意点を解説する。

集合住宅のエントランスのスタイルは様々で、風除室を設けて2枚のドアを設置する場合やオートロックを備えたドアのみ設ける場合、ドアもなく共用部へ導入するケースなどがある。本節では3事例を挙げる。

図1は風除室を設けたエントランスである。屋外側のガラスドアと屋内側のオートロック機能を備えた自動ドアの2枚のドアを設置し、その間が風除室となりポストや宅配ボックスが置かれている。ガラスドアにはフロアヒンジを用いて押し棒を付けるだけでその他の金物は見せずにシンプルに構成している。フロアヒンジを雨水が浸入しやすいを場所に取り付けると、床に埋め込まれたボックス内に水がたまりヒンジが錆びて腐食するが、軒の深いエントランスであればそれほど心配はない。自動ドアはスライドドア上部のエンジンボックスの処理に注意する。エンジンボックスには、ドアを開閉させるための駆動装置や制御装置がおさめられており、エンジン、コントローラ、ドアハンガー、ストッパー、ベルトなどから構成されている。

このように、天井がコンクリート打ち放しの場合はエンジンボックスを隠すことは難しく、ボックスの成をできるだけ小さくして大げさに見せないよう検討する。一方、十分な天井懐をとれる場合は、エンジンボックスを天井内におさめ、すっきりとスライドドアのみが見える状態にすることは可能だがオペレーター点検のための点検口が天井面に必要となる。

図2は、階段室の一部を吹き抜けとし小さなエントランススペースとした例である。ドアはスチールの框扉にガラスを嵌め、オートロックの機能を備えている。近年ではオートロックは一般的であるが、これはドアに仕込んだ電気錠にオートロックシステムからの信号を送り解錠する仕組みで、意匠図のドアの仕様に「電気錠」との記載を、弱電設備図にはオートロックシステム図を描いておくと混乱が少ない。

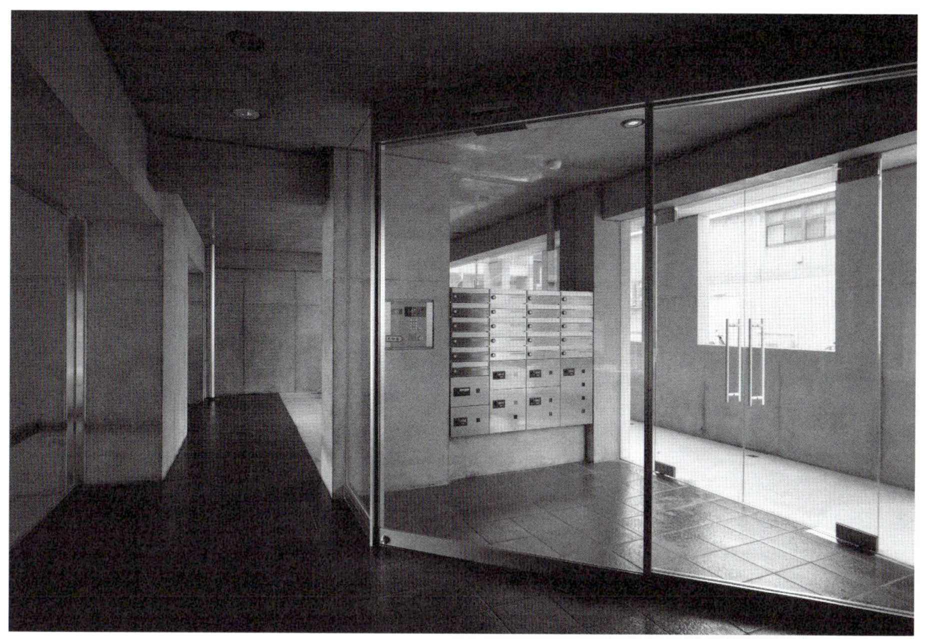

図1　風除室を設けたエントランス

また、建物本体から電気錠まで電源と信号を送るための通線が必要となるので、枠などドア廻りのおさまりを意識しながら設計を進めるとよい。このドアの上部には、2本の溝型鋼の間にクリアランスをとって抱き合わせるようにして設置し、このクリアランスに通線し電気錠をおさめることでオートロックとして成立させている。吊り元の縦枠は設けずフロアヒンジを用い、戸当たり兼FIXの枠となる戸先の縦枠は、框を構成する鋼板の一部を延ばして隠すことで全体としてすっきりと見えるよう工夫している（図3）。

図4は都内の狭小地に建つ集合住宅である。1階に十分なエントランスがとれずエントランスドアを省略したが、それでもセキュリティを向上させるために各住戸にエントランスバルコニーを設け、共用部との間に錠付きのフラッシュのスチールドアを設けている。このバルコニーはエントランスでもあり、室外機や給湯器置き場であり、物干しスペースとしての役割を担っている。このエントランスバルコニーを経由して錠付きのスチール框扉を開けて室内に入る構成で、2重の扉で防犯性を高めている。この住戸の反対側にはもう1つのバルコニーを設け、こちらは公園に面してくつろぐためのスペースとしている（図5）。

図2　階段室と一体となるエントランス

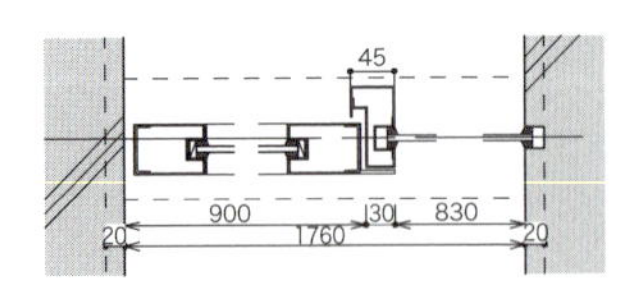

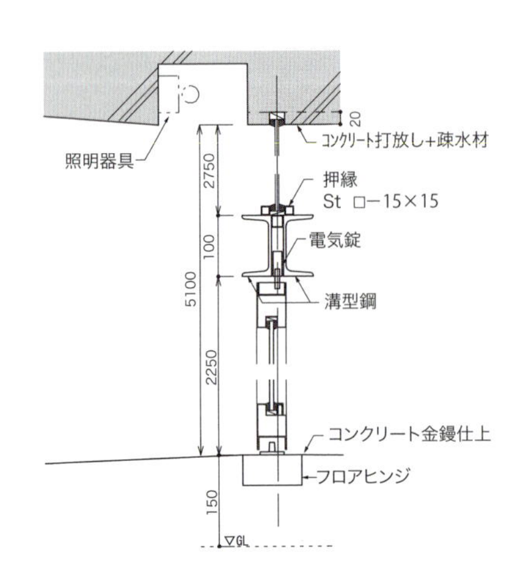

図3　エントランスドア詳細図　S=1/15

図4　エントランスバルコニーを設けた住戸

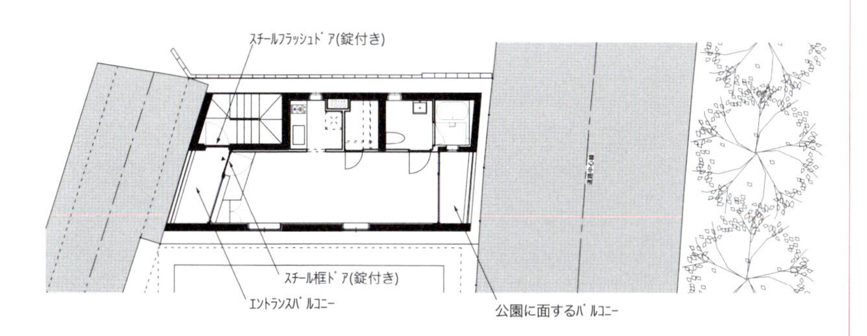

図5　3階平面図　S=1/250

5.2 すっきりポスト・宅配ボックス

集合住宅において郵便ポストは当然必須だが、ネット販売が多用され単身者や共働き世帯の増加など自宅不在時間が増加傾向にある近年では、宅配ボックスの需要が高まっている。規模によってはある程度のボリュームを占めるので、基本設計段階から意識して設計に取り組む必要がある。

郵便ポストの数量は住戸数＋管理者用１を基本とし、壁面に美しくレイアウトし、前入れ後ろ出しタイプ、前入れ前出しタイプを使い分け、防雨・防滴仕様もあるものの直接の雨がかりはできるだけ避けるように配置する。また郵便ポストは、各住戸に専用で設置されるため室番号を表示する必要がある。既製品のポストを使用する場合には、室番号のシールが付属されていることがあるが、好ましい字体・サイズ・色ではないことが多いので、カッティングシールやステレンレス面にレーザー彫刻等でオリジナルのデザインをするとよい。また、煩わしいチラシ等のポスティングに対してその場で入居者が対応できるようゴミ箱を置くスペースをつくるか、宅配ボックスの１箇所にゴミ箱タイプも含めておくと好ましい。規模の大きな集合住宅ではエントランス脇に郵便物専用スペースとしてメールコーナーを設けることもある。

宅配ボックスは、奥行きが郵便ポストよりも大きいことが多く、まとめて表面を面一におさめてレイアウトする場合は悩ましい。郵便ポスト裏にある程度のデッドスペースを設けて裏面の処理を工夫するか、不便にならない程度に別の近い場所に配置して奥行きの違いの問題を解消することも考えられる。また賃貸集合住宅に適した宅配ボックスは、「ダイヤル式」と「電子式」がある。

「ダイヤル式」は宅配業者がそのつど暗証番号を設定し、暗証番号とボックス番号のメモを届け先住戸のポストに投函し、入居者はメモ確認して暗証番号を入力しボックスを開錠する。「電子式」はあらかじめ入居者の暗証番号を設定しておき、宅配業者が室番号を指定してボックスに荷物をおさめ、入居者は宅配ボックスに表示された自宅室番号を確認して自身で設定した暗証番号を入力してボックスを解錠する。いずれも宅配業者の配達を証明する目的で捺印ボックスをセットしておくこと。なお、「電子式」は電源を必要とし、コストも「ダイヤル式」より高額である。「電子式」を取り付ける

図１　白色のフレームに収められたポストと宅配ボックス

場合は、電気設備設計図にて共用電源を指示しておく。

図１は、風除室を設けた集合住宅のエントランスである。風除室の壁に郵便ポストと宅配ボックスを埋め込む方法は構造的・防水的に困難なため、壁面からコンクリートの枠を持ち出し、他のコンクリートと区別するよう白色に塗装し、その中にポストとボックスをおさめている。夜間、解錠時のダイヤル操作時に自らの影が操作部に落ちないよう、またエントランス全体の照明としても違和感のない位置に照明を取り付けている。メールコーナーを設けなくとも、ポストの平面的な投影面積を容積対象床面積とみなされるケースもあるので注意が必要である。

5.3 こだわりの館名板

集合住宅の建物名の決定には悩まされることが多い。オーナーの強い希望がない限り、設計者や管理会社が命名、提案することがほとんどだ。筆者は集合住宅の名称を「AP ○○」とApartmentのAPに地名や最寄り駅名をアルファベット二文字で表現したものを加える機械的な方法を基本とし、これにできるだけ短く1ワードで建物の特徴がスマートに表現され、住み手に不便がなく集合住宅に相応しい建物名を付け加えることもある。

さて、決定された建物名を敷地内のどこかに表示するため館名盤が必要であるが、集合住宅の館名盤のデザインは、「看板的」にではなく「表札的」なものとすることがよいと考える。不特定多数の集客を目的とする商業施設などでは、遠くから誰にでも認識できるよう看板を設置することは理にかなっているが、集合住宅においてはせいぜい住み手以外に明らかな目的を持って建物に訪れる人や、配達配送のために訪れる人に認識されればよく、看板的である必要はないと考える。戸建住宅の表札のようにささやかな館名盤が建物のデザインに相応わしい状態で取り付けられていることが理想だ。

図1～図6は様々な館名盤で、各々道路から確認できる位置、集合玄関機やポストの付近に配置し、素材や加工方法もそのつど検討して決定している。この他にも単にエントランスのガラスドアにカッティングシールを貼るだけであったり、コンクリートの壁面の凹みでで建物名を表現しても見た目もよいし安価である。

図1
コンクリート打設時に凹みをつくり、バイブレーション仕上げのステンレスプレートに建物名をエッチングしたものをコンクリート打ち放し面と同面（どうづら）で埋め込んだ館名板。館名板を設置する位置は1階が多いので、1階躯体の打設時にプレートのサイズを決めなければならずこの時点で建物名が決まっているとよい。

図 2、図 3
立面全体に正方形の開口が穿たれている中の 1 箇所を白色のカラーガラスの FIX とし、建物名を一部グレー色で表現したもの。

図 4
リン酸処理をした鉄板にステンレスの切り文字を接着したもの。石も含めた 3 種の素材が各々対比されている。

図 5
集合玄関機の上部、白く塗装した壁に同色の焼付塗装を施したアルミの切り文字を接着し、凹凸のみで建物名を表現している。

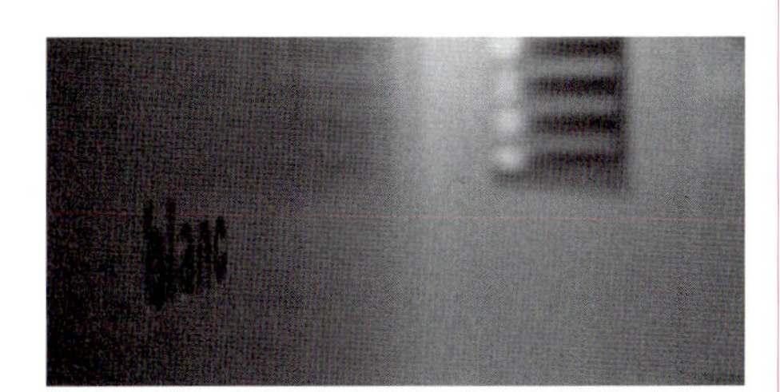

図 6　コンクリートの壁面に凹みを設け、壁面と同色に塗装している。

5.4 スマートに隠された天井ダクト

メーターボックス内に設置された給湯器の排気ダクトや、住戸内の換気扇からの排気ダクトを、共用部を経由して建物外へ延長させることがある。この場合、共用部に天井を張り、その懐をダクトスペースとするか、コンクリート打ち放し天井などにあえてダクトを露出させる方法が一般的である。

図１では、複数のダクトが共用部からみえる風景の邪魔にならないよう、また単にケイカル板に塗装をしただけの天井も長期間のメンテナンスや意匠を考えると相応しくないと考えて、エキスパンドメタルで透けた天井面をつくることとした。透けていることからエキスパンドメタルを支持する吊り材など通常は隠される下地も見えることとなり、デザインの焦点はエキスパンドメタルの目の細かさや割付などと同様に、下地にもあてられた。エキスパンドメタルを天井で固定するためには、エキスパンドメタルの割付に沿ってフレームをつくり、エキスパンドメタルの各辺をフラットバーで押さえる方法が考えられるが、薄い膜のように天井を覆おうとするイメージとはかけ離れてしまう。それよりはできるだけ小さなピースを製作し、できるだけ少ないポイントで、それぞれのエキスパンドメタルを点で固定するアイデアで検討を繰り返した。最終的には、図２のように天井から吊られたボルト付きの40mm 角×厚 2.0mm のステンレスプレートに下側からエキスパンドメタルをあてがって 12.7 角×長さ 70mm のメッキされたスチールの角棒で締め挟むように設置されている。

真上を見上げればダクトは見えるが、水平に近い通常の視線では目立たず気にならない程度に仕上がり、コンクリート打ち放しとの相性もよい天井となった。

図１　エキスパンドメタルで覆った共用部の天井

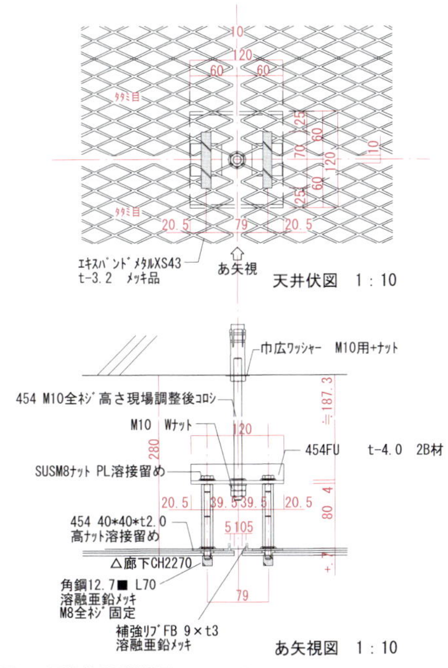

図２　天井納まり詳細図　S=1/10

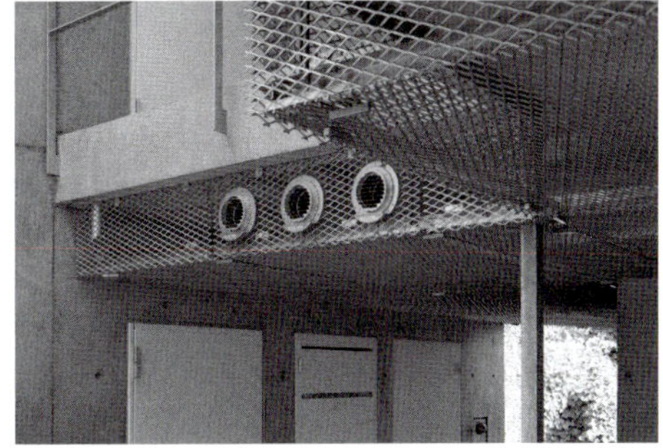

図３　天井のディテールと端部

5.5 美と用を備えた設備の納まり

集合住宅の共用部には様々な機器があらわれる。各戸のインターフォン玄関子機、エレベータのインジケータ、自動火災報知設備の赤ランプが付いた総合盤など、気を抜くと共用空間のイメージを邪魔するような多くの機器が設置されるのである。それらの機器を無造作に設置していくのではなく、設備設計図を元に１つ１つを洗い出し、丁寧にレイアウトして、できるだけ目立たぬよう納まりを工夫していくことですっきりとした空間ができ上がる。

以下はこうしたサイズも奥行きも色もバラバラな悩ましい機器類に対して、壁と同面におさめて色も限定するというルールを適用し、目立たせずかつ統一感を与えるべく納めた一連の事例である。

図１は玄関ドア脇のインターフォンである。インターフォンのデザインはなかなかよいものがないので、壁面を凹ませて機器をおさめ、カバーを製作して隠している。カバーはカメラ・マイク・スピーカー・ランプといった機器に備えられた各部に対応するよう正確に穴をあけ、ステンレス素地や焼付塗装を施して室番号を付しマグネットで設置している。室番号はエッチングやレーザー彫刻、カッティングシールなどで表現するとよい。

図２と図３は、それぞれエレベータのインジケータと総合盤の断面詳細図である。いずれも壁と同面となるよう納め、総合盤については指定色塗装としている。

１つ１つをみると些細なことに見えるかもしれないが、関連業者と打ち合わせを重ねて機能上の確認を行い、すべてを丁寧に設計していくことで、共用部全体として魅力的な空間をつくっていくことが大切である。

図２　壁と同面に納めたエレベーターのインジケータ

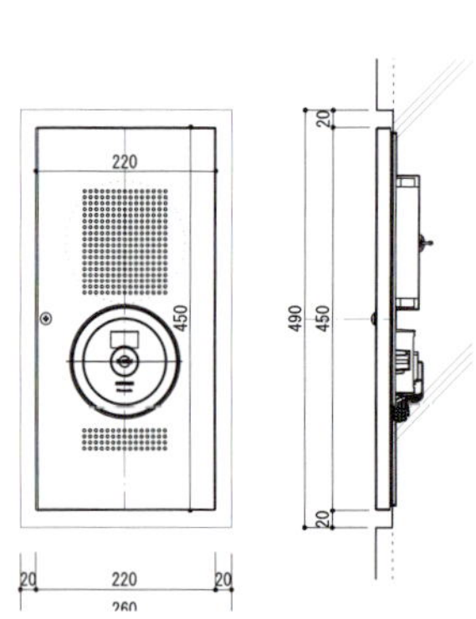

図３　総合盤納まり詳細図　S=1/15

図１
共用部に現れるインターフォン。ステンレスカバーを製作し壁と同面に納める

5.6 点と点で合理的につなぐ照明

共用部の照明は明る過ぎず、最小の数量で効果的に計画していくことを基本とし、相応しいポイントが見いだせる場合には、アクセントとして演出的な間接照明などを検討するとよい。またランニングコストを抑えるため LED ランプを使用することを推奨したい。

基本的な照明の配置に関しては、共用部の照度をまんべんなく均一に保つために照明器具を等間隔で配列してゆくというよりは、集合玄関機・各住戸の玄関インターフォン・ポスト、階段など照らすべき箇所に丁寧に器具を配置していくことで、それらの連なりによって共用部全体が十分な照度を確保できている状態が理想である。そのうえで、あまりにも照明器具同士が離れて極端に暗くなる部分が生じるようであれば、補充するような意識で追加してけばよい（図1）。

図１　玄関ドア前とエレベーター前、階段踊り場に照明を配置した共用部

5.7 共用部とバルコニーの関係を見直す

一般に、集合住宅は専有部と共用部の２種類のエリアに区分され、ダイアグラムで表現すると図１のように、共用廊下 - 住戸 - バルコニーの順に並ぶ。入居者同士のプラバシーを守るうえでは合理的だ。しかし筆者は、ごくシンプルに分けられたこのダイアグラムのようなプランが連続した状態は、建物全体が少々窮屈で閉塞感があるように思う。例えば住宅地のある１つの街区を見てみても、公道から住宅のバルコニーや庭は丸見えであることがほとんどで、地域差はあるが、それぞれの住宅から表出した生活の一部を垣間見ることができる。これと似たような状態を集合住宅の共用部にも持ち込むことで、ほど良く弱い境界で分けられたスペースの連続としての集合住宅が成立するのではないだろうか。

図２は、住戸が中庭を囲むようにコの字型に配置された集合住

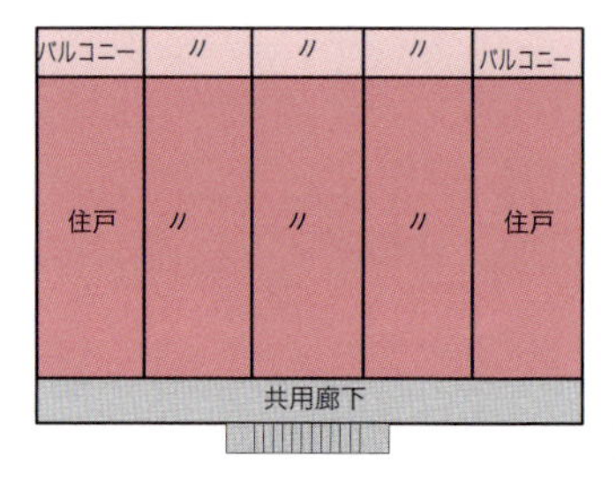

図１　一般的な集合住宅の平面

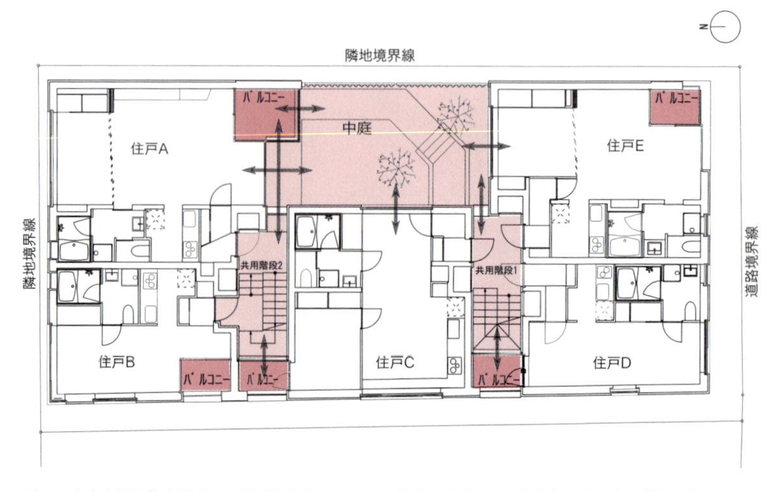

図２　中庭を囲む集合住宅　２階平面図 S=1/250　矢印で示すように専有部と共用部が様々に関係し合う

図3　住戸Aから中庭をみる　共用部の開口や他の住戸の窓が複数中庭に表れている

図4　共用階段　右側のハイサイドライトを介して住戸のバルコニーと関係する

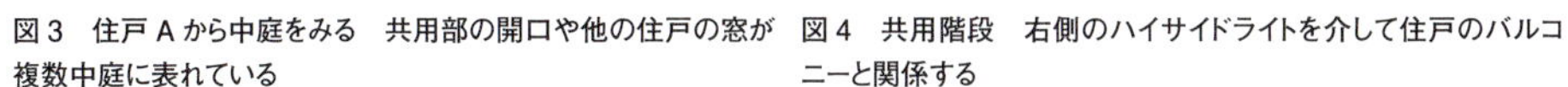

宅である。中庭には住戸Aが大きな開口部で面しており、住戸C、E も互いに見合いが少ないよう注意して窓があけられ、共用廊下と共用階段からも大小の開口部で中庭と関係している。また住戸C、D のバルコニーは、共用階段とを隔てる壁にハイサイドライトを設け、同様の効果を生み出している。公私の区別なく、部分ごとに採光や通風を考慮しながら適切と思われる開口部を設けることで、建物全体にわたり様々なスペース同士の関係が無数にでき上がっている（図3～5)。

図6は4.3節で紹介した集合住宅である。各住戸への採光のためのコートと敷地北側の共用廊下は間に上階への鉄骨階段を介すのみで、視線が遮られることもなく、自由に行き来することも可能である。2つの区分を曖昧にすることで、集合住宅特有の窮屈さを払拭することを意図している（図7)。

図5　共用階段　正面上下で中庭を臨む開口が設けられている。その先には住戸のバルコニーもみえる

図６　１階平面図と断面図　S=1/300
プライベートなコートと共用部は明確に区切られずひとつながりのスペースとしている

図７　住戸のバルコニーからコートをみる　左側には共用階段と共用廊下がみえる

5.8 セキュリティと通気の両立

オートロックを用いてエントランスでのセキュリティを強化しても、開放廊下や屋外階段から進入ができるような状態では意味をなさない。かといって共用部のすべてを壁やガラスで囲うと、建築基準法をクリアするのに難易度が上がる場合もあり、給湯器の給排気の処理が面倒になり、空調が必要となる。賃貸の集合住宅では共用部に十分な自然通気を確保をしておきたい。

図1は、1階共用廊下の外部側に有孔折板を設置することで、共用部内外の人の行き来を防ぎながら採光や通気、開放性を保っている。折板であるため材料自体に強度があるので、余計なフレームを必要とせず、上下のスラブや梁にアンカーを打ち込みボルト締めするだけで取り付けができ、シンプルな仕上がりでコストを抑えられる。集合住宅の共用部、特に低層部で活用できる方法である。

また図2は共用部への侵入防止のために独立したスクリーンを設置し、裏口としてのドアと共に製作したものである。上下の鉄骨フレームと框ドアに有効折板を取り付けて、一連のものとしてデザインされている。

図1　有孔折半を設置した共用廊下

図2　侵入防止のためのスクリーン

5.9 戸別トランクルームを確保する

戸建て住宅では外部収納や市販の物置が置かれている様子を見かけることが多いが、賃貸集合住宅では稀である。ゴルフバッグ、サーフボード、スキー、スタッドレスタイヤ、釣り道具、DIY 向けの大工道具など外部に収納しておきたい生活用品は多い。住まいに外部収納的な機能は確実に有用なのだが、賃貸集合住宅では居室の広さが外部収納よりも圧倒的に優先される傾向があり、外部収納はもし余裕があれば設ける、という程度の位置づけになってしまう。

こうした住まい手の必須の要素とも言うべき外部収納をトランクルームとして集合住宅に設けた例が図 1、図 2 である。各ユニットの有効寸法は、幅 70cm ×奥行き 1.7m ほどで上で述べたものは十分に収納でき、賃貸住戸数分の 12 区画分が完備されている。各ユニットには照明が設置され、木製建具にはルームキーとは別の個別施錠を設置することで入退去時のシリンダー交換の手間を省ける。

また、このトランクルームは、エントランスの自動ドアを入って正面に配置されており、入居者の利便性はこの上なく高い。したがって中央の通路は自動ドアを通る際の目線の延長上に位置するので、デザイン上とても重要なポイントとなりエントランスの主要な要素となる。アイストップとなる通路正面は、曇りガラスとして自然光を取り入れ、床はエントランスホールと同材のトラバーチンで仕上げ、床埋め込み照明も連続させている。両脇に並ぶ各ユニットの赤く着色されたドアにはレバーハンドル等は付けずに施錠のためのシリンダーのみとしてシンプルにまとめ、エントランス脇につながる通路として相応しい姿を呈している。

図1　エントランスからホールとその先のトランクルームをみる

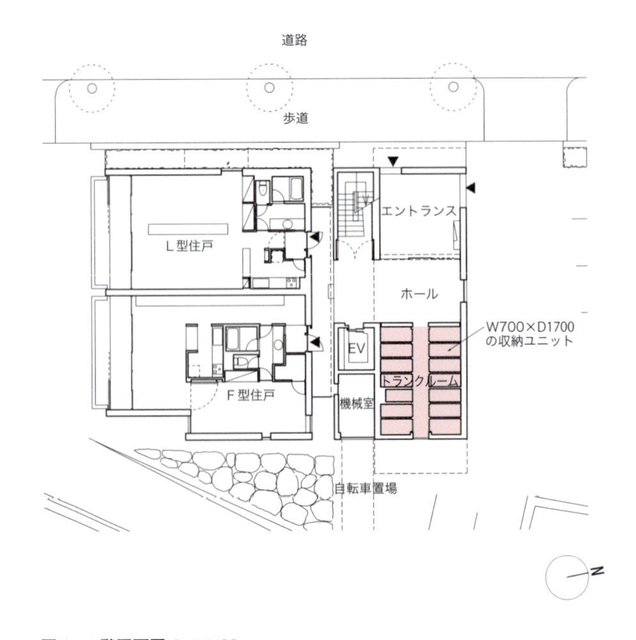

図2　1階平面図 S=1/400

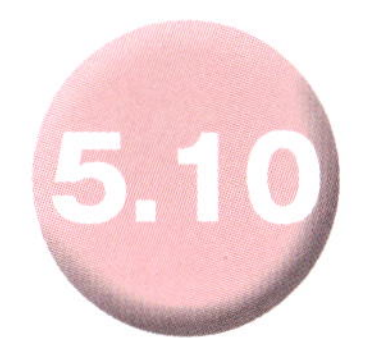

5.10 スマートデザインなゴミ置場

ゴミ置場は収集を考慮して敷地の前面道路近くに設置されるため、比較的目立ちやすい場所に配置される。そのため、集合住宅の共用部を構成する要素として丁寧にデザインしたい。

またゴミの置き場所は、収集する側で定められたルールを守らなければならないので、設計の初期の段階で所管の清掃事務所や環境局等と協議する必要がある。計画する集合住宅の住戸数や規模によってゴミ置場の大きさ、構造、形式、給排水設備の有無等が定められており、そのルールに則って設計を進める。近年では、トラブル防止のため開閉式のゴミ収集箱等の設置をできるだけ避け、一定規模以内の集合住宅であれば収集日にゴミを道路際に平置きするスペースを確保しておくのみとする行政区も見られる。また、基本的にゴミ置場のルールについては条例ではないので、区役所での事前調査のみではカバーできないこともあるので注意が必要である。

◉エキスパンドメタルの扉で臭気の充満を防ぐ

図1、図2は道路に面して建物の正面に配置されたゴミ置場である。扉はスチールの框戸にエキスパンドメタルを溶接し、通気性を保つようにしている。他の鋼製建具と合わせてシルバー色とし、道路沿いであることをから通りがかりの通行人のゴミ捨てを防止するため、シリンダー錠を付けている。暗証番号式の錠（キーレックス）を取り付けることもある。

◉ゴミ置場をボリュームとしてデザインしてゴミ置場感を消す

図3では、素地のガルバリウム鋼板で包んだ木造アパートの1階に、エントランスと駐車場を隔てるように黒のガルバリウム鋼板で仕上げたボックスを置き、両者を明確に区別することで、道路からの表情に軽さを与えている。このボックスの両面に扉を設け、一方はゴミ置場とし、他方は電気メーターボックスなどの設備関係を集合させている。ゴミ置場はエントランスアプローチに面する側に配置し、動線としてもスムースである。

図１　建物全景。右奥の建物の角にゴミ置場を配置している。

図２　同左建物のゴミ置場詳細

図３　１階黒いボリュームとして設けられたゴミ置場

5.11 ユースフルな時間貸し共用庭

図 1 は、4.2 節で取り上げた集合住宅の庭である。穴あきブロックの塀で隔てることで、共用庭と住戸専用庭を区分けしている。共用庭はこの集合住宅に住まう入居者の生活スペースの延長であり、住戸専用庭はバルコニーが拡大されたプライベートスペースである。

落ち葉の清掃などメンテナンスや経済性を考慮して、床は、コンクリート金鏝仕上げとしている。コンクリートの収縮によるクラックを防止するために誘発目地を設けるのが一般的であるが、ここではコンクリートの土間に適切なピッチでカッターを入れて縁を切ることで、クラック防止の性能を保ち、かつ見た目もシンプルな状態を実現している。竣工後数年経ったが目立ったクラックはない。

共用庭には六角形平面のコンクリート製のテーブルと腰掛けを設け、食事の後片付けや清掃もできるよう、水場も設けている。崖と緑と建物に囲まれ外界から閉ざされたスペースは、この集合住宅だけに供された屋外空間であり、入居者にとってはひとつの魅力となり得るだろう。

集合住宅の共用部は主に動線としてのスペースとなりがちであるが、こうした共用庭を設けることで、専有部である住戸とは別に入居者の生活スペースを広げることができる。管理上は、この集合住宅に住む入居者が予約をして使用することとしている。

図 1　共用庭から専用庭をみる

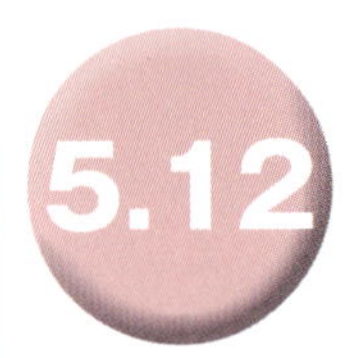

5.12 付加価値の高いレンタル菜園

敷地は最寄り駅から徒歩 10 分ほどのおよそ 1600㎡ほどの農地の一部である。今後、徐々に農地面積を縮小していく過程の最初の計画でもある。建物の計画が進む中、残りの農地の小さな一区画を入居者に提供することが提案され、住戸ごとに区割りされ、実際に菜園として活用されている（図 1）。入居者募集時にもプライベート菜園付きであることをアピールし、駅近ながら静かな農園が隣接し、のびのびとした周辺環境も好まれている。

この事例に限らず、計画敷地やその周辺の歴史、またそこで行われてきた営みを遡って概観してみると、賃貸集合住宅への付加価値を発見できることもある。

図 1　プライベート菜園から建物をみる

5.13 賃料以外の収入を生む

賃貸型集合住宅のエントランス付近や、駐車場・駐輪場の一部を使って飲料水の自動販売機を設置することは、居住者のみならず、周辺地域や通行人へのベネフィットとなるので、家賃以外の収入を考えているならば設置をお勧めする。商品・釣り銭の補充や、空き缶回収・付近の清掃などは、メンテナンス業者が日常的に行ってくれるので、オーナーはそのための場所貸しと、電源供給（屋外用のアース短絡点を持つ100V電源コンセントの提供）さえすればよい。販売による収入は、設置エリアや断面交通量の多少に応じ、販売手数料率（15～25%）が決められており、これに対し月極電気代が経費となる。最近ではヒートポンプ式の省エネモデルが普及しており、月極電気代も安価（2000～2500円程度、通常は建物オーナー側が負担）であるから、平均して1本150円の飲料を毎月100本売れば元が取れる。通勤駅への道すがらであったり、図1のような断面交通量の多い場所では、複数台設置することで、1住戸分の月極家賃収入より面積効率が高くなる事例もあるので、特に都市型・投資型集合住宅においては利益向上につながる。

一方で、単に利益のためではなく、「災害救援ベンダー」や「AED内蔵自販機」を居住者や近隣エリアへのサービスとして設置するオーナーも多い。特に前者は、災害発生時・復旧時に手回し発電もしくは非常用電源にて中の飲料水を取り出せる仕組みになっている（図2）。

また、敷地内に居住者専用の月極駐車場を完備したものの、地域柄あまり利用されない場合には、コインパーキング化することも賃料以外の収入につながる。図3に示すIoT機器を、あらかじめ駐車場に設置しておくことで、月極契約のない期間だけ、一般開放することも可能である。料金徴収はすべて利用者とサービス提供者の間での決済で済むため、オーナーにはまったく手間が掛からない。

逆に、敷地が狭く、適切な駐車区画数が確保できない場合、居住者専用のカーシェア・サービスを導入することも考えられるが、導入事例の実情を鑑みると、あまりお勧めできない。理由は明白で、ひとつは利用時間帯・曜日のバッティング、もうひとつは、車利用の生活者は、そもそも自家用車を持っているので、カーシェア・サービスの有無が入居成約率の向上に直接的に繋がらないからである。

図1　人通りの多い道端に複数台設置している事例

図2　災害救援ベンダ（手回しタイプ）ーの設置例

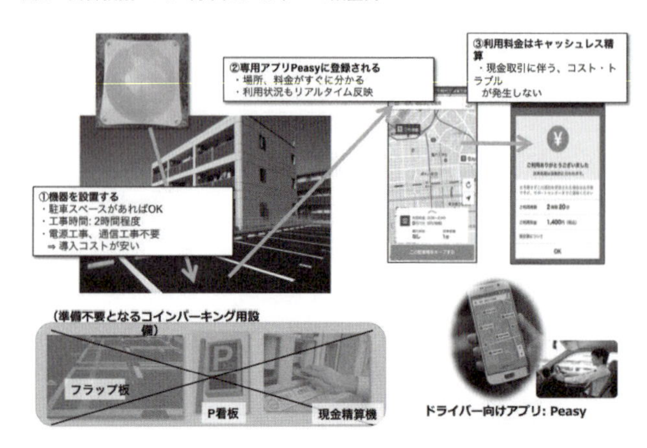

図3　docomo スマートパーキングシステムの例（株式会社 NTT ドコモ）

6 ― 住戸でバリューアップを狙う

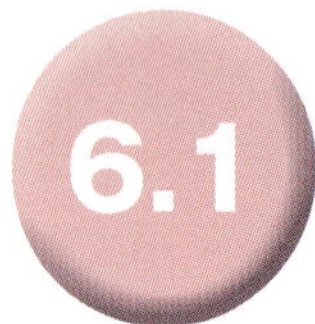

6.1 廊下は少なく居室は広く

比較的小さな住戸が集合する賃貸集合住宅においては、下手なプランほど廊下が多い。すべてではないが、だいたいにおいてそう言える。諸室を単なる廊下でつなぎ、とりあえず動線を確保してつくったような間取りは無駄が多く非効率だ。室同士の関係と配置をいく通りも検討することで、スムースな動線で廊下の少ない自然な室の配列を見つけることができる。

図1、2は42㎡ほどの住戸である。廊下的なスペースは玄関前のみでほとんどないと言ってよく、すべてのスペースが無駄なく機能しており、シューズクロークを設けている割には同じ面積で廊下のある住戸と比べると広く感じられるだろう。リビング・ダイニングを中心として寝室、キッチン、洗面室が隣合っているので廊下は要らず、かつ各々の室の関係も無理はない。もちろん余裕のある敷地で廊下を経由して室と室の距離をおくことで快適な住空間をつくる場合もあるが、賃貸集合住宅においては収支が成り立つことを前提としているので、なるべくコンパクトに無駄なく効率的に、と心がけることになる。

しかし、どうしても廊下ができてしまう場合は、次のような工夫をするとよい。

- 片側かできれば両側に収納やクローゼットを設け、単なる動線ではない廊下とする。単身者用住戸でよく見かけるような、玄関を上がってすぐにキッチンがあるような間取りは敬遠される場合も多いが、効率のよいプランニングといえる。
- 廊下を少し広げて机を置くスペースをつくり、書斎など用途が発生するスペースに変える。
- 何度も検討を重ねても上手くいかない場合は、住戸の外形を変えてみるのもよい。どうしても上手くまとまらない住戸の外形寸法もあるが、その見極めは難しく、間取りの検討を十分に行うことで判断できる。

図1　ダイニングからバルコニーをみる　右側奥から寝室、キッチン、洗面室の出入口

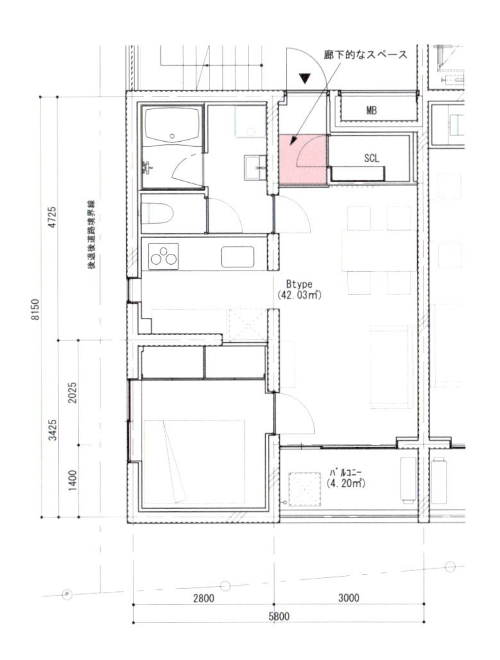

図2　平面図　S=1/150

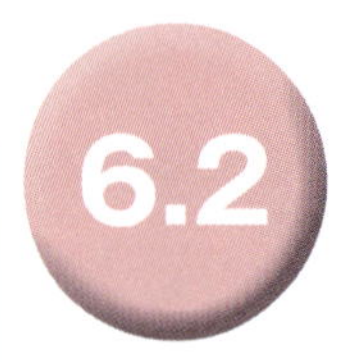

住戸面積は30㎡が分岐点

企画段階では入居者像を想定し、住戸面積や室数を決め、これを前提に設計を進めていく。20㎡代の小さな住戸は「ワンルーム」や「1K」と呼ばれるタイプが多く、40㎡を超えると「1LDK」、55㎡を超えると「2LDK」、と面積からおおよそのタイプが決まる。これは設計を開始するための基礎的な手がかりとして柔軟に捉えてもよく、設計を進めていく過程で変更を加え、企画の内容へのフィードバックをしながらより良い集合住宅を目指していく。

その中でも30㎡前後の住戸は、大きく異なる2通りの方向性が考えられるので、企画の趣旨や周辺環境など諸条件を意識して設計していくべきである。

図1は集合住宅の4階と5階、上下で隣接している住戸の平面図である。南側には隣地の建物が迫り、その高さは計画建物の4階の高さほどである。4階では南側に積極的に窓を設けるのを躊躇するほど隣地建物が近く、5階以上の住戸は南側に視線も抜け、採光も十分に得られる環境である（図2）。階によって周辺環境がまったく異なる条件において、すべての住戸を同じ間取りとするのはやや強引で検討不足であり、その階に相応しい間取りを柔軟に作ってゆくほうが自然である。

4階以下の住戸では単身者向けとして、脱衣・浴室・トイレをコンパクトにまとめ、居室スペースをできるだけ大きくとり、広いワンルームを目指している。西側に視線が長く伸びる10畳ほどの居室で、入居者がライフスタイルに合わせて家具の配置や数などをカスタマイズしやすい間取りと言える。居室の南側外壁には、バルコニー側のメインとなる窓と対角となる位置にFIXの高窓を設け、視線は通らないがわずかな採光を取り入れるようにしている。

5階は水回りを住戸の中心に配置してその両脇に1つずつ部屋を設け、4.5畳のキッチン・ダイニングスペースと6畳の寝室などと2つのスペースで使い方を分けて使用し、どちらも南側から十分な採光と眺望を取り入れている。若いカップルであれば2人で住むことも考えられ、あるいはいずれかの部屋を小さな仕事部屋として使用するようなミニSOHOとして、職住近接のライフスタイルにも対応できる。隔てられた2室を設けることで、他にも使い方を発見できる可能性もあり、やや広めの単身者用住戸の賃料で2人住まいや

図1　4階平面図・5階平面図　S=1/150

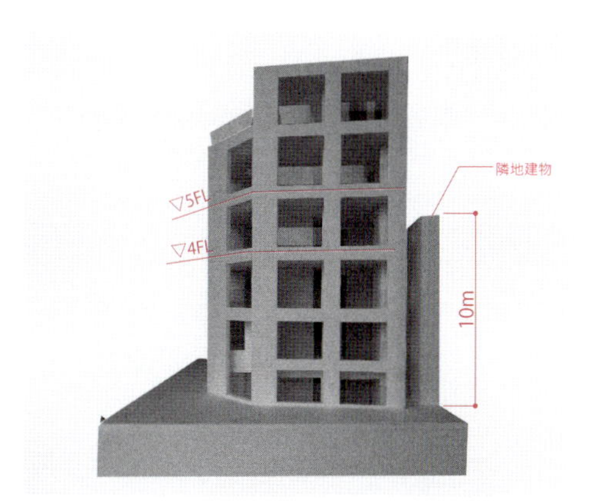

図2　模型を用いたスタディ。5階以上であれば視線は抜ける

SOHOとして使用出来る点で魅力的な間取りである。

このように30㎡前後の住戸は広めのワンルームとするか2部屋とするかの分岐点となり、幅広い対応ができる住戸と言えるだろう。

6.3 最近高めなキッチン・レシオ

都市型・投資型マンションの優良な物件であっても、キッチンがお粗末だと人気も下がる。自宅でしっかり調理をしよう、健康を考えた食生活を送ろうとする若年・単身者が増えてきたこともあるが、もうひとつ理由がある。オフィス需要に対してキッチン空間が唯一の水場であり、バックヤード的に用いられることがあるからだ。ちゃんとした調理をしたいとする住宅需要に対しては、キッチンの幅と奥行きで、使い勝手が左右される。図1は、一般的な集合住宅でのキッチン空間を示した模式図であるが、左右でそれぞれキッチンの長さと奥行きに差がある。2200㎜の長さは、一般の戸建住宅からすれば短めであるが、奥行きを700㎜とすることで、炊飯ジャーや湯沸かしポットくらいなら調理台の位置に常時置いておける。しかし、奥行き600㎜だとこうは行かない。長さを2700㎜くらいに設定し、2箇所の調理台のうち一方にキッチン家電を置いて、一方で盛り付けや下ごしらえを行うことになる。キッチンの寸法が変わるだけで、空間取りも変わってくる。左右はいずれも同程度の動線幅・収納容量であるが、冷蔵庫の位置などから、オープンカウンターを設えることもできる。

また図2は、奥行き650㎜、長さ2500㎜程度の小さめのキッチンに、奥行き350㎜程度のカウンター収納をL字に連続させることで、キッチン自体は小さいながら、窓辺に向かって広く展開したワークトップを得て、幅広い使い勝手に対応させている。対面型キッチン・ペニンシュラ型キッチンなど、他にも様々なタイプが考えられるが、省スペースで豊かに使ってもらう工夫をデザイナーと共に考えていくのも面白い。

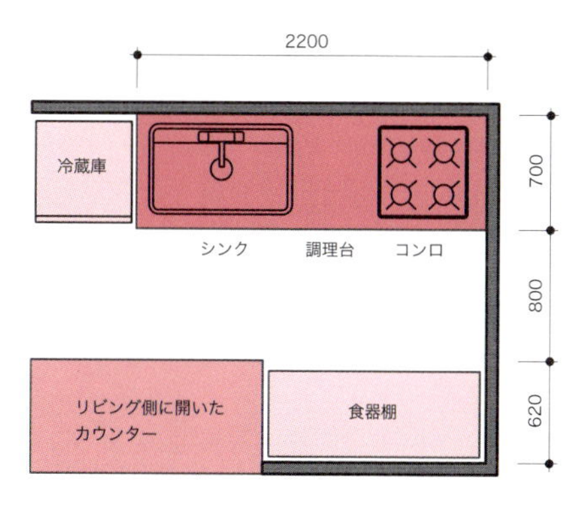

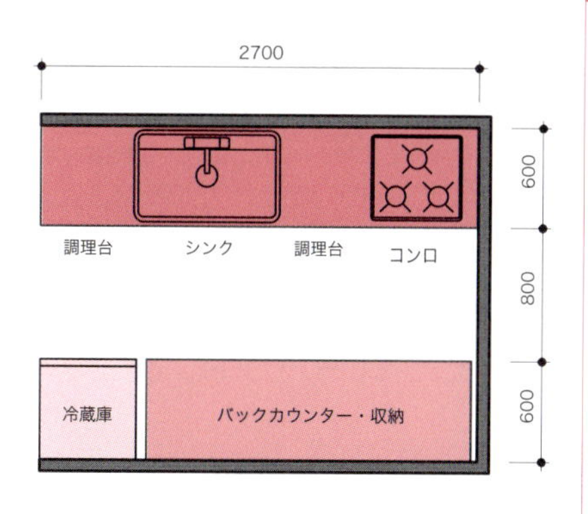

図1　しっかり調理できる最低限の「キッチン・レシオ」

図2　集合住宅「HUERTO」のL字キッチン

6.4 家電・家具を考慮したプランニング

賃貸集合住宅の住戸には、部屋数の確保を優先し、それらが一定以上の面積になることに専念したプランをよくみかける。戸建住宅と違って住み手の顔を見られないこと、不動産募集サイトの検索項目に対応することが優先されることなどによると想像するが、それでは入居者の実際の生活に見合った住空間にはならない。

住宅の間取りを考えるうえでは、持ち込まれる家具や家庭用電気器具（家電）についてサイズや使い勝手を整理し、それらが置かれることを想定してプランニングすることが大切であり、入居者の顔が見えない中で一般的な生活を具体的にイメージする手がかりとなる。特に家電は日進月歩で、その種類やサイズ、価格の変化は建築のそれと比べるとはるかに速く、常に最新のものを把握し、可能であれば将来の予測も含めて融通の効くプランを用意する必要がある。

例えば、キッチン。冷蔵庫、電子レンジ、オーブンレンジ、炊飯器、コーヒーメーカー、トースター、給湯ポット、ミキサーなど、キッチンに相当量の調理器具等が置かれることを想定しておいたほうがよい。オーブンレンジなどは、ウォーターグリル機能も付くものも多く、近年ではサイズも大きくなる傾向もあり、冷蔵庫などと同様、周囲の造作との離隔距離についても把握しておくとよい。リビングには、壁掛けテレビ、DVD デッキが置かれ、その他のスペースには、洗濯機、掃除機、パソコン＋プリンタなどその周辺機器などのスペースも考えておくべきである。サイズについては洗濯機など大型化するものもあれば（ドラム式と縦型では幅と奥行きも異なる）、給湯ポットや掃除機、DVD デッキなど小型化するものある。パソコンに関しては、周辺機器も含めるとある程度のスペースが必要になるうえ、具体的に作業をする行為が伴うので丁寧に考える必要がある。

図 1 は、45.40㎡の 1LDK の住戸である。リンビングの一角に幅 1800㎜奥行き 700㎜の配線孔をあけたデスクを設置し PC スペースとしたもので、コンセントや LAN 端子をカウンター下に設置することで、周辺機器やある程度の書類を置くにも十分なスペースだ。結婚して子供ができる頃には家庭に関する書類の整理だけでも真剣に取り組まないと煩雑を極めるし、家事に PC 作業も含まれるように思う。職場の仕事を持ち帰って行うことも想定すると、このようなスペースは必須と言ってもよい。

図 1　リビングより　右側にはデスクが設置され縦長の窓からは隣地の森が見える

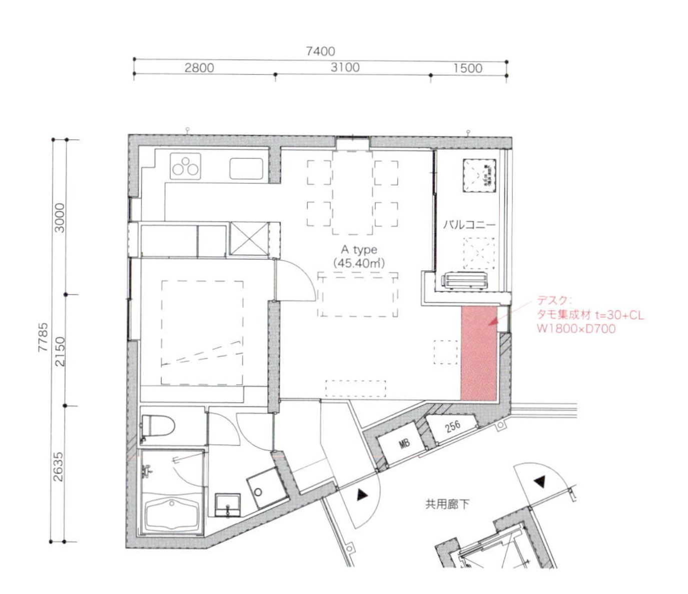

図 2　同上平面図　S=1/150

6.5 水回りの配置はフレキシブルに

近年計画する賃貸集合住宅では、浴室・洗面器・トイレ・洗濯機は必ず専有部内に必要となる要素である。バス・トイレ・洗面器がセットになった通称3点ユニットは敬遠される傾向なので避け、それぞれ単独のものを住戸内に配置したい。

洗濯機は脱衣室に配置すると考えられがちであるが、もっとフレキシブルに考えてよい。脱衣室、廊下、キッチンなど置き方の配慮さえすれば、自由に配置してよい。廊下に置く場合などは扉をつけて洗濯機を収納し、キッチンに配置する時はカウンター下にあらかじめセットする方法もある（この時に奥行き等確認の上、余裕をみること）。扉内に収納する場合は、有孔合板で扉の通気性を確保したり、換気扇を設置するなど湿気を考慮した対処をしておきたい（図1）。間取りの自由度を高めるためにもフレキシブルに考えてよいのである。

洗面器についても同様に脱衣室に置かれるのが一般的であるが、実際には手洗い、洗顔、歯磨きも脱衣室でする必要はない。明るい廊下で気持ちよく歯を磨くのもよいし、帰宅して玄関を入ってすぐに手を洗えるのもよい（図2、図3）。住戸に廊下ができるのであれば、積極的に洗面を配置してみると、デザイン的にも利便性も良くなることが多く、プランニングの幅も広がる。

また、単身者を想定しているのであれば、洗面器や洗濯機と共にトイレを脱衣室に設置してよいが、そうでない場合は独立して設けたほうが好ましいと考える。

図1　階段下の洗濯機スペース　鉄骨階段の踏み面と蹴込みに合わせて両開き扉を構成し有効シナ合板のフラッシュ扉としている。仕上げはOP仕上げ

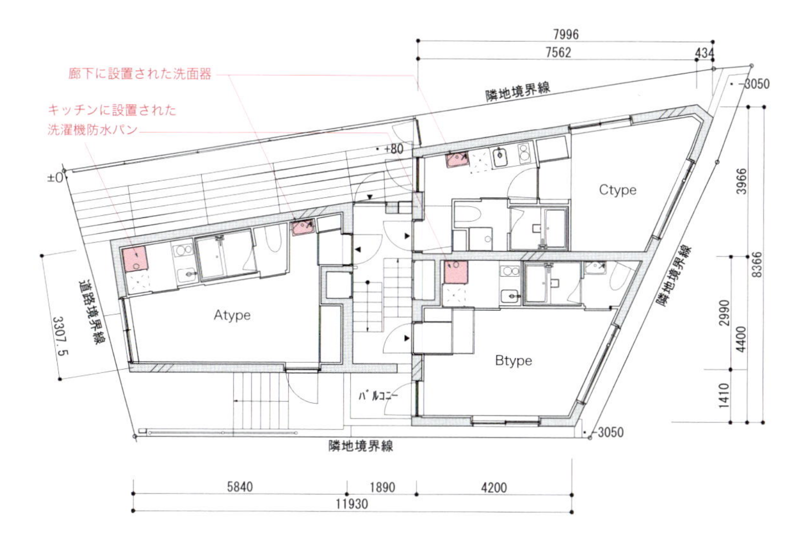

図２　１階平面図　S=1/200

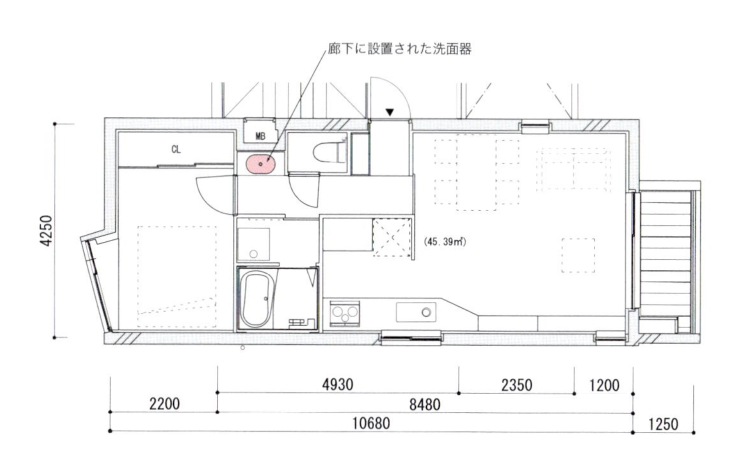

図３　住戸平面図　S=1/150

6.6 充実バルコニー・屋上専用テラス

バルコニーの役割は様々である。物干しスペースであったり、室外機や給湯器の設置のためのサービススペースとなることもあり、避難経路でもある。広さに余裕があれば、テーブルと椅子を置いてダイニングスペースにもなり、植栽を植えて小さな菜園や庭として使うこともできる。デザインを工夫することで室内空間に広がりをもたらす効果も期待できる。

図1は幅4.4m×奥行き2.2mのバルコニーである。床は室内と同じタイル張り、天井は室内からバルコニーに連続するよう、サッシの上端を天井いっぱいまでとして、施工的にギリギリまで追いこんでおさめている。下端レベルを揃えた梁型で囲まれた範囲にサッシが入り屋内外を分けられたような状態で、空間的には一体となり、広めのバルコニーが部屋の一部となるイメージを目指した。

図2は4階建て集合住宅の屋上部分で、スチールの手すりを設置して代々木公園をのぞむルーフテラスとしている。4階建ての4階住戸にも関わらず狭小地故エレベータを設けていないが、そのデメリットを相殺すべく、ルーフテラスを4階住戸専用としている。屋上は、そこへアクセスする階段と手すりを設けるだけで大きなスペースを設けられ、建物の魅力を増すためにも有効に活用すべきである。

様々に活用できるバルコニーやテラスであるが、それにも関わらず積極的に充実させようとする機会はあまりない。現状の賃料設定の慣習では、バルコニーやテラスの充実度が賃料へ反映されにくいことが大きな理由であるように想像するが、入居者の生活を魅力あるものにし、入居率アップにも大きく寄与すると考える。

図1 サッシで分けられたバルコニーと室内

図2 屋上テラス俯瞰

6.7 メゾネットのメリット

2層で構成される住戸をメゾネットと呼ぶ。階段を介して上下に室を配置することで互いの距離を保て、吹き抜けを設けて空間の広がりをつくることもでき、フラットな住戸と比べると空間的な魅力をつくりやすい。2層に分かれ階段が必要になることから、住戸面積は少なくとも50㎡以上から適切と考えてよい。

また一般に1階の住戸は敬遠されがちであるが、1・2階のメゾネット住戸とすることで2階のメリットが住戸に付け加えられ、1階のデメリットを避けることができる。一方、階段分の面積を要するので、面積に十分な余裕がない限り、階段下を収納やトイレ、洗濯機置き場とするなどできるだけ階段を有効に活用するように努めたい。

図1は最寄駅から徒歩20分以上の土地に建つ6戸の集合住宅である。駅から遠いということもあり、1階に住戸数分の駐車場を設けている。建物全体の奥行きに対して駐車場の奥行きが小さく、余った部分を住戸の一部として利用し、1階駐車場の裏側に玄関

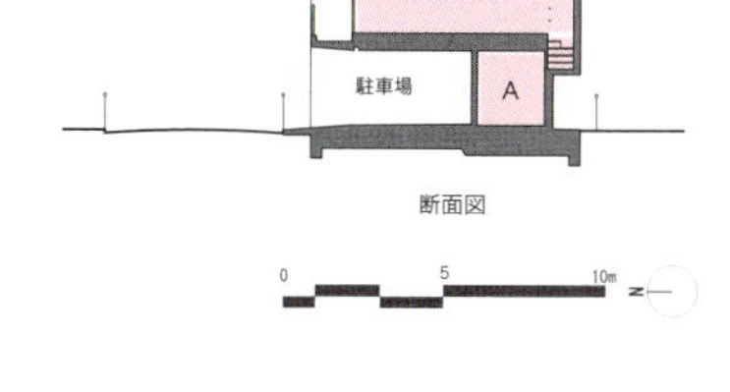

図1　平面図と断面図

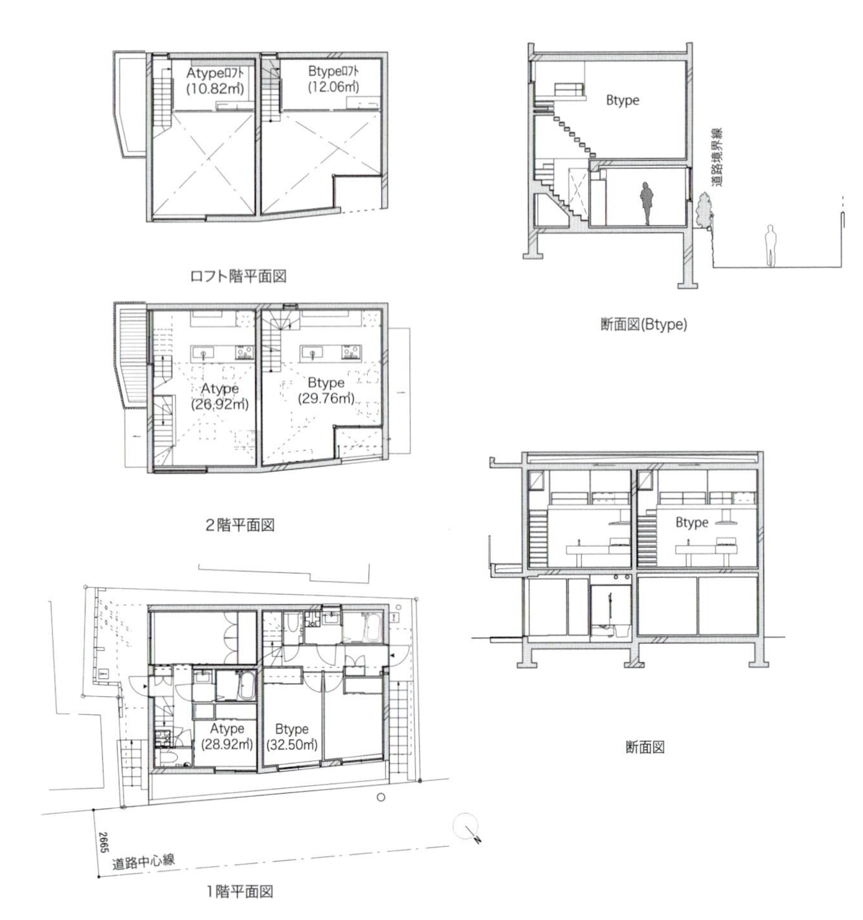

図2　平面図　断面図 S=1/300

と水回りを、2階にLDKと寝室を配置した。住戸面積はやや広く、A住戸：16.90+43.15=60.05㎡、B住戸：11.70+45.35㎡ =57.05㎡、C住戸：15.54+43.15=58.69㎡である。

図2は2階建ての住戸が2戸隣り合うように並ぶ集合住宅である。1階に道路からのアプローチと玄関を設け、共用部のない長屋の形式としている。2階は天井高を上げてロフトを設け、トリプレットに近い住戸形式としている。住戸数が少なく低層の集合住宅の場合、すべてのメゾネット住戸の玄関を1階に配置することで、共用部を最小限にすることができる。メゾネットであるため1戸あたりの面積が増えてしまうが、共用部の面積削減を考慮すると得策である場合が多い。

6.8 1階住戸のプライバシーをまもる

道路から建物までの距離が十分にとりにくい計画では、道路に面する1階住戸が敬遠される。道路を歩く通行人の視線のレベルがほぼ同じで距離が近くプライバシーに難があること、セキュリティの問題が理由として挙げられる。2階以上と比べて1階住戸の賃料が安いのはこのような理由が大きいだろう。需要があれば1階を駐車場や事務所とすることでこの問題は解決できるが、視線も光も遮断する高い塀を住戸前に立てたり、樹木で目隠しをするような不自然な対策は住戸内の快適性を損なうので避けたい。

図1、図2はこうした難点を解消すべく、1階床レベルを道路から800㎜ほど上げた集合住宅である。1階の室内に立つと道路が一段低く見下ろす関係となり通行人との距離も保たれ、バルコニーの手すりの高さは道路面から1900㎜と容易に乗り越えられる高さではなく、安心感が増すように感じられる。

また図3は最下階を地上面から半層下げて事務所とし、地上から半層上がった1階以上が住宅となる。先の例よりも道路とのレベル差を取ることができ、「2階」と呼んでよいほどの住戸となる。

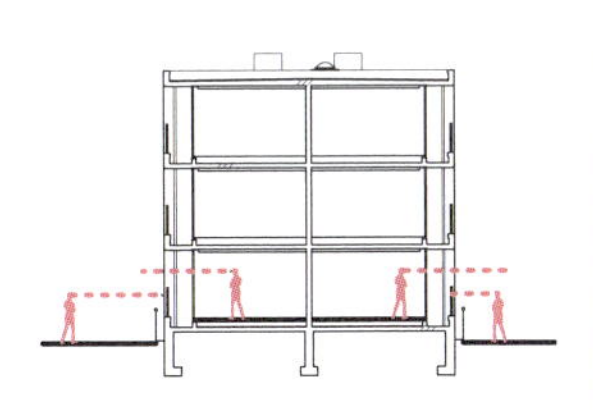

図1　断面図　S=1/500

図2　1FLを道路レベルから800㎜上げた住戸

図3　道路から半層下がった住戸

6.9 対面住戸のプライバシーをまもる

すべての住宅が外部に対して閉じた構成で、個々の住宅の内部がまったく街並みに表れてこない状態は好ましいものではない。ある程度の生活感が住宅内部から街並みに表出し、それらが街並みを構成しつつまた媒介となって緩やかに個々の住宅が繋がり関係し合い、住宅街のまとまりをつくり出していることが望ましい。同じように集合住宅の内部でもほどよい距離感と自然な視線の交錯が存在している状態もあり得ると考えている。その建物の内部で互いの住戸内を望める状態を避けて完全にプライバシーを守る必要はなく、計画上無理がないのであれば、ある程度の視線の交錯を許容し違和感のない環境をつくり出すことも魅力の一つとなる。

図1は中庭を囲むように住戸が配置された12戸集合住宅で、このうち7戸の住戸が中庭に面する。住戸Aは中庭に対して大きく開いて中庭と一体となるような構成で、他の住戸は副次的ではあるが住み良い住空間にとって効果的な開口部が中庭に面している。これらの開口部がすべて中庭に面する時、互いの住戸からの視線をできるだけ水平に交わることのないよう、配慮する必要がある。例えば図2のように、住戸Aとその他の住戸の床レベルと高さを変え、向かい合う住戸Eからの視線がこれと水平に交わらないようハイサイドライトとすることで対応している。ハイサイドライトといえども室内に採光と通風を得ることもでき、中庭を望むことはできないが建物に囲まれた空間を感じることはできる。

図1　住戸Aから中庭をみる

大きな開口が水平かつ近距離で向かい合う状態を除けば、わずかな工夫を重ねていくことで住戸を対面させても気持ちのよい空間をつくれるように思う。

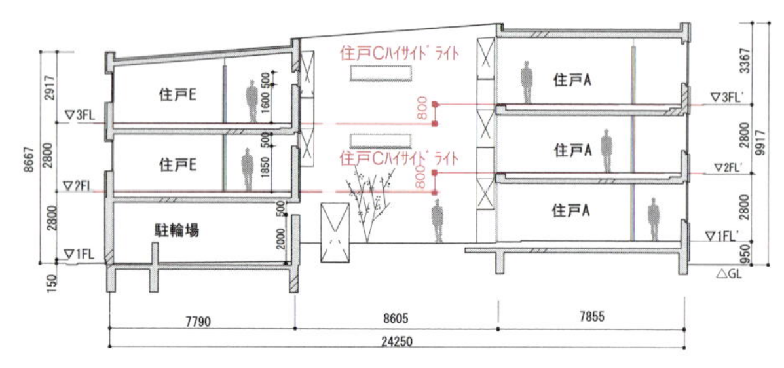

図2　断面図　S=1/400

6.10 ロフトで賢くバリューアップ

ロフトは、その床面積がそれが存する住戸の床面積の1/2を上限とし、かつ天井高1400㎜以内の時、延床面積に算入されない。基本的には小屋裏収納としての位置づけで居室としての扱いではないが、明らかに住戸がボリュームアップし、賃貸時にも大きなバリューアップの要素となる。本来、物置としてのスペースなので、こうした面積緩和措置がある代わりに仕様について制限もある。開口面積の限度はかなり小さく、はしごの規定もあり、壁で閉じて独立させなければならない行政区もあるので、設計の初期の段階で確認しておかなければならない。

図1は、木造2階建ての集合住宅の内部の写真である。ロフトに直接面する壁に設ける開口部の制限はあるが、吹き抜けの奥にある開口部については直接面するわけではないので自由である（図2）。明るい居室の吹き抜けに手すりのみを介して面しているので、居室と同等の明るさを確保できる。居室からみても吹き抜けにつながる空間が付加されることで空間に奥行きが生まれ、全体的に伸びやかな住空間は実際の床面積よりも広がりを感じることができる。

また小さな中庭から採光を得ようとするこの建物において、天井高を大きくとり、中庭に対して床から天井までの高さ約4mの開口部を設けることで、限られた自然光を最大限に内部に取り入れることにも寄与している（図3）。

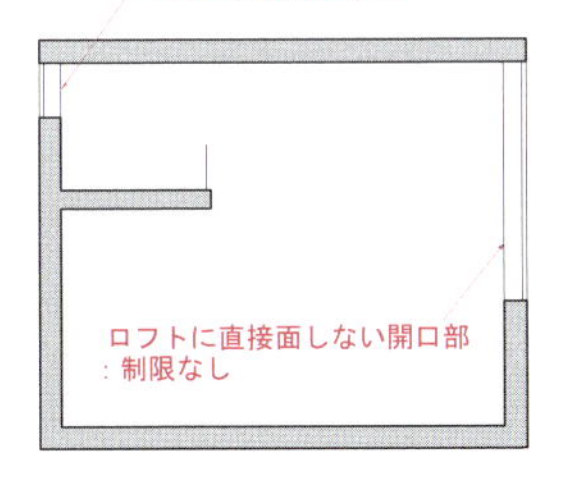

図2　ロフトに直接面する開口部の考え方

図1　ロフトから居室を見下ろす

図3　居室から中庭側をみる

図4　ロフトの階段から居室をみる

図5　リビングからロフトとキッチンをみる

図4はRC造2戸の集合住宅である。この住戸は道路面から数段の階段をのぼって1階玄関にアクセスすること、メゾネットであること、また2階部分にロフトがあることで、全体的に高さ方向に広がりを感じられる住戸である。ロフトは先の事例と同じように、吹き抜けのある居室に面して明るい空間となる。シナ合板で仕上げられた木造のロフトの床はRC造の屋根から吊られ、2階床から浮かせた同じくシナ合板で仕上げられたキッチンカウンターと一対の要素となる（図5）。

求められた面積を確保したうえで高さ制限に余裕があるのであれば、積極的にロフトを設け、魅力的な住空間を実現させたい。

6.11 カスタマイズの許容範囲

◉統一感があるからデザイン物件として成立する

集合住宅の設計においては、ある程度の幅を持たせて入居者像を定めるが、個々人の具体的な好みや、趣向に対して逐一対応しながらひとつの建築として具現化することはできない。だからこそ設計者やオーナーは、個人的な趣味をできるだけ抑えて集合住宅をデザインし、様々な趣向をもつ入居者の好みに対して、デザイン上も、使い勝手上も、自由にカスタマイズしやすい住戸を用意するのが重要であると考える。

一方で、なんでも自由にカスタマイズ可能にしてしまうと、かえって建物全体の価値を損なう危険性もある。色も柄もまちまちのカーテンが並ぶ外観は、見ていて雑多で見苦しいし、色の違う電球が灯る、ちぐはぐな夜の窓辺は、見栄えもよくない。分譲型集合住宅では、独自のデザインコードを用いて、この手の問題の統一化を図っているが、賃貸型集合住宅にもある程度のさじ加減、つまり「入居者カスタマイズをどこまで許すか」を検討しておく必要があると筆者は考える。オーナー諸氏にあっては、以下に事例を示すので、方針立ての参考にして頂きたい。

◉ライティングレール設置で照明カスタマイズ

筆者が設計を手がける集合住宅では、入居後すみやかに通常の生活ができ、照明器具購入の必要がない照明計画としている。入居者の労力を省くだけでなく、あらかじめ最低限の適切な照明器具を選定しておくことで空間の質を損なうことを避け、かつ夕刻の内見時にも明るい状態で点灯時の状態を確認できるようにしておく。

リビングやダイニング、寝室などの住宅の居室やオフィスの照明器具については、ライティングレールを取り付けたうえで設置しておき、ここに入居者が照明器具をカスタマイズしやすいよう配慮している（図1）。室全体の照度、部分的に照らしたい箇所、光の質の好みなど入居者によって趣向は様々で、できる限り対応できる状態におくことが賃貸集合住宅においては重要と考えている。

図1　ライティングレールを設置した居室

6.12 既設照明で夜間景観を統一

外観は集合住宅のいわば顔・姿であるから、窓辺の表情には統一感を持たせたほうが意匠的にも美しく、周辺環境への配慮としてもよい。もっとも簡単な方法としては、照明機器あるいはその光源の色を統一することである。照明機器は大抵、天井あるいは壁の上方に付けられるので、地上や周囲から目立って見えてしまう。この状況で各住戸で光源の演色効果にばらつきがあると、雑多な雰囲気を呈してしまう。演色効果とは、電球の色温度と、人が感じる光の印象の関係をさしたもので、蛍光灯のような青白色や、白熱電球などのオレンジがかった電球色、またそれらの中間的な昼間色などがある。電球色に近づくほど、落ち着き感が増す。図１の事例では、天井にハロゲン型ランプ（光源の色：電球色）を既設照明としてあらかじめ設置し、建物全体で夜間景観の統一を図っている。

また、図２のように、特徴的な照明機器をセットで部屋貸しする場合でも、電球のみ他の機器と同等の演色効果を出すようにするとよいだろう。ちなみにこの事例では、居室のコーナー付近（ダイニングテーブルが置かれるであろう場所）に、引掛シーリングアダプターにより既製品の黒シャンデリアを下げ、窓からの夜景とセットで絵になるよう配慮し、部屋貸ししている。同時に、すべての電球を電球色の蝋燭型 LED バルブに取り替え、他の既設照明と演色効果を併せてある。勿論、洗面所やキッチンといった作業照度が必要な空間では青白色光がよいのだが、居室や窓辺空間においては、入居者にはこうした既設照明の雰囲気を参考にしてもらい、外観の統一感を保ちつつ、付加的にフロアスタンドを購入したり、環境光のアレンジを加えていってもらいたいものである。

図 1　既設照明で統一された夜間景観

図 2　外観を損なわないよう電球色をカスタマイズする

6.13 ブラインド設置で美観アップ

デザイン性を売りにする企画の場合、外観は客付けの生命線である。入居者の自由にまかせて、色とりどりのカーテンが並んでしまっては、個々は良くても全体で見ると統一感がなく雑多な印象になる。これを避けるため、図１の事例では、全住戸すべての窓に対して、垂直方向の羽根で構成される「バーチカル・ブラインド」を既設し、外観の統一感をはかっている。入居者はカーテンを用度する必要もないし、インテリアに合ったコーディネートがされていれば嬉しいし、確実に物件の付加価値としてプラスに働く。だからこそ、オーナー側の建築内装工事で負担している。

もし導入を検討するのであれば、オフィス用バーチカルブラインドがよいだろう。汚れがつきにくく、掃除しやすく、何しろ丈夫であるので、入退去時の原状復帰の際に入れ替え無しで使うことができる。また水平ブラインドは、既設ブラインドとしてはお勧めできない。それらの多くはアルミ素材の羽根でできており、指で曲げるだけで折れ目がついてしまう。掃除がしにくい上、原状復帰工事のたびに新規入れ替えを余儀なくされるからである。

また幅の広い窓や、高さ3mを超える窓がある住戸を企画する場合は、入居者によるカーテン類の手配・設置が困難であることから、既設ブラインドを導入する。特に吹き抜け上部の窓などは、脚立を立てても設置が難しいし、カーテン類だと開閉できないだろう。通常カーテンは、光を通すレースカーテンと、遮光効果のあるドレープの２列で構成するが、図２のような幅の広い開口に左右２箇所に引き分けるカーテンでは、引き切った時のカーテン溜まりが厚くなるため処理が難しい。バーチカルブラインドならばブラインド溜まりもスペースを取ることがなく、また、もっと幅広の開口に対しても、中央にもう１箇所、引き元を置いても対応できる。

図１　外観統一を図る既設ブラインド

図２　幅広開口・背高窓に対応する既設ブラインド

6.14 クロス張りかペイント壁か

一見しただけでは企画の目玉になりそうもない、壁面・天井・床等の室内仕様について見直してみる。これらは施工面積も広く、入退去ごとの修繕手間もかかるから、通常あまり手数のかからない仕様を選びがちであるが、企画の魅力増大につなげるべく、オーナーとデザイナーでよく検討し、様々な工夫を凝らすとよい。

賃貸型集合住宅の多くは、室内壁はクロス張りで仕上げられている。クロス張り仕上げとは、下地の石膏ボードに、糊の着いた壁紙を張り継いでいく仕上げ方であるが、入退去修繕の際に、短期間で仕上げられるので多用されるが、入居者からすれば、経年変化により入隅部分などがまくれたり、天井は黄ばみが目立ってきて、長く住んでいるいると、いかにも間借り物件に住まわされているという、惨めな気持ちにさせられる。

同じ石膏ボード下地であるならば、ここはひとつ、EP（エマルジョンペイント）塗装で仕上げるのも一考の価値ありと筆者は思う。塗膜が薄く、何度塗っても刷毛ムラが生じないので、部分補修程度であれば、壁紙だと全面張り替えになるところを、入居中の修繕もしやすく、何しろ美しい。また、時間とやる気さえあれば、オーナー自ら塗り替えができる。適切な養生さえしてしまえば、塗料とローラー、ローラーシゴキさえ用意してしまえば、2LDK 程度なら2日間で塗装・乾燥ができる。塗膜が薄いので、3分ツヤあるいはツヤ消し塗料ならば、どんなに不器用な人でも一定の質感で塗布できる。筆者はよく、居室壁面・天井面には照明や外光が柔らかく拡散してくれる EP-M（マット仕上げ）を適用し、水回り周辺や、手の触れる箇所には EP-G（グロス仕上げ）と指定する。ただしこの時、塗り手間をなるべくなくすために、幅木の仕様を「木製・壁面収まり」とするか、あと張り可能な「ビニル幅木」としている。

クロス仕上げ・塗装仕上げ以外では、いっそタイル張りもあるだろう。図1は、キッチン・水回り空間を囲んだコアの壁面を大小様々なタイルで張り、美しく仕上げている。クロスや塗装に比べると工事費は割高だが、オーナーにとっては、入退去ごとに修繕する必要がなくなるし、入居者にとってもデザイン性が高く、両面テープ等で自由に物が貼れる点で有意義である。またこれは水回りに近い場所であるので、その仕様でふさわしく、かつ清潔で清々しい生活空間

図１　パッチワーク状の白磁器タイル仕上げ壁

図２　RC 打ち放し仕上げと水回りの出会いの収め方

を印象づけており、入居者に対する愛着の醸成に寄与している。

内装仕上げでコンクリート打ち放しが選べるならば、集合住宅にとってはもっとも好都合であろう。仕上げ工事が不要なため建築費も安くすむし、汚損に強く、半永久的に修繕の必要がない。また打設時にできるセパレータ穴を活用して、重量物を吊り下げるフックも付けられる。ただし、表面コートをしない打ち放し仕上げでは、湿気や水気に注意したい。例えば、図２のような打ち放し壁面と水回りが出会う箇所では、設備を覆う格好の枠をポリ合板などで設え納める。洗面台をつくるよりも安価でデザイン性にも富んでいる。

6.15 フローリングの選択肢

フローリング材は、材の構成から大別すると、無垢の木材からつくられている単層フローリングと、合板を接着剤で貼り合わせた下地に表面のみ天然木の突き板や挽き板を貼った複層フローリングの2種類がある（図1）。前者は比較的高価であり、耐久性に富むが、湿気や水こぼし等で反りやすい。一方、後者は安価であるが耐久性が低く、湿気による反りも少ない。また材の寸法から見ると、1枚の幅が狭いほど反りにくい。部分的な破損を修繕するにも、幅狭材のほうが手間が少ない。これらの理由から、幅が狭い複層フローリング材を用いるのが、賃貸物件では合理的とされているのだが、幅狭材は、床全体でのっぺりとした印象となり、部屋を冗長的な雰囲気に見せてしまうデメリットもある。対して幅広材では、材ごとに木目が目立ち、床全体として伸びやかな印象を与えるので、シンプルな間取りの部屋や、天井の高い住戸などで使用すると、より効果的である。幅広材のほうが単位面積あたりの工事費も高くなるが、入居者満足度とイニシャルコストのバランスをみて、選定するとよい。

また、ペット共生住戸では、図1の下の図に示すような、ウレタンスポンジ材を貼り付けた状態の既製フローリング材を使うと、飼い犬の爪音などが響きにくくなる。突き板表面に耐水加工や汚れ防止コーティングを施したフローリング材もあるので、コストバランスを見て導入を検討するとよいだろう。ただし、こうしたコーティング処理がなされたフローリング材は滑りやすく、ペットの足腰を悪くさせる要因にもなるので、その点留意されたい。

最後に、フローリング材の色味についてであるが、明るい色味のものほど部屋を明るく広く印象づけるが、綿埃などの汚れも目立つ。対してダークな色味ほど落ち着いた印象を与えるが、照明機器で床を照らしても明るさ感がないので、この場合は壁を明るい色味で仕上げるか、ブラケット・ライト（壁を照らす照明機器）を設置するとよいだろう。

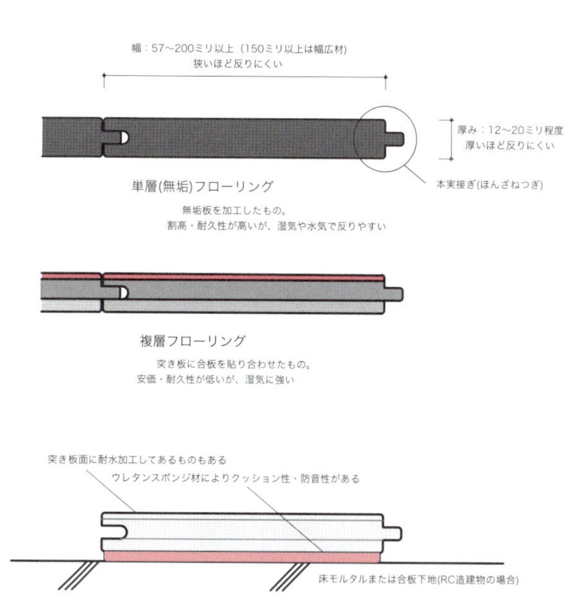

図１　フローリング材の種別と特徴

図２　単層フローリング（無垢）の床仕上げ

6.16 内部建具は製作するのが合理的

予算のない超ローコストのプロジェクトでも、やむを得ず内装をクロス張りと安価なフローリングで仕上げざるを得ない場合でも、インテリアデザインの質を保つためには、内部建具は既製品に頼らず、製作しなければならないと考えている。目標の工事費に近づけるために何度も調整を繰り返し、不要な物は中止し、安価な素材や工法を必死に探しても製作建具だけはゆずれないのである。建具と枠の納まりを自由に工夫でき、高さ・幅の寸法をミリ単位で自由に設定できることで、効率的な間取りをつくるうえでも壁面のプロポーションを整えるうえでも必要な要素となる。

図1および図2の住戸は、中央に下駄箱・収納・クローゼットを1つのボックスとして配置し、その回りが居室となる構成である。この居室は使い方に応じて3枚引き戸で2つのスペースに区切ることができ、例えば奥にベッドを置いて寝室として使用したり、机を置いてワークスペースとしたり、あるいは仕切らずに広いワンルームとなる。この引戸の幅とボックスの幅を揃えることによって、引戸を開けた状態では、ボックスと3枚引戸がひとつの塊となり、また、引戸の高さを天井高と合わせることで垂れ壁や鴨居など余計なものがないすっきりとした空間となり、ボックスだけが存在するシンプルなインテリアの構成となる。

図1　開けた状態では造作家具と一体となる

図2　引戸を閉めた状態

6.17 簡便造作でダブルバリューアップ

賃貸集合住宅の入居者は、○ LDK などと呼ばれる部屋数や、住戸面積を住戸の価値を判断する最優先の要素とする傾向がある。しかし、効率よく部屋数を用意すればよいというわけではもちろんない。住まいに必要な造作やアクセントとなる造作、便利な造作などを設えてインテリアの魅力を上げていくことも大切である。コストや様々な使い方を考慮して、つくり込み過ぎず最小限の造作で最大のパフォーマンスを引き出すことがよい。

図 1 はテレビが置かれるであろう位置に棚板一枚を設置して、その棚板を高さを変えて延長し、床置きタイプのエアコンスペースとしての設えも兼ねた例である。賃貸集合住宅の設計では、戸建て住宅のように住み手の細かな要望を聞いて打ち合わせを重ねることはできないので、テレビ台などは細かくつくりこみたい気持ちを抑えて、様々な使い方を許容できる範囲に留めておくことが重要で、コスト削減にも繋がる。図 2 は、寝室の角にパイプスペースを配置したことで、ベッドが置かれた際にデッドスペースになるであろう部分の壁をふかして、棚とした例である。枕元に幅広の棚があることで、就寝前に読む本や目覚まし時計、携帯電話などをまとめて置いておくことを想定して設けた。入居者の好みが懸念され悩ましいが、奥まった壁面は色や仕上げを変えてもよいかもしれない。

図 3 は、ベッドが置かれるであろうスペースに隣接してコンクリートの棚を設けた例である（写真左奥）。ベッドサイドテーブルを置かずに、この棚が同じ役割を果たせると部屋もすっきりとしてちょうどよいだろうと、隣戸にわずかに余ったスペースを利用して戸境壁の一部

図 1　エアコン置き場・テレビ台を兼ねた簡易な造作

図 2　PS ふかしを利用した棚板スペース

図3　クランク状のコンクリート壁でサイドボードを

図4　ウェッジ状のデント（凹み）で飾り棚を

をクランクさせることで設けている。コストを一切かけずにつくったコンクリート製の造作と言ってよい。戸境壁というと計画のはじめの段階で画一的に決めたラインが後々まで動かずにあり続けてしまうが、実施設計で細かく寸法を追っていく段階でもう一度見直すと意外と小さなグレードアップ要因を発見することができる。

図4も同様で、ダイニングテーブルが置かれると想定されるスペースの脇に、戸境壁の一部をくさび状にして設けた棚である。飾り棚として使用されるか、卓上調味料スペースとして利用されるか、あるいは他に想定していない使い方をされるかはわからないが、有効に利用されやすい位置と高さに設定している。住戸が平行に隣接しない場合はこのようなスペースが見出しやすいので、丁寧に検討することで、ほぼコストをかけずにインテリアのパフォーマンスを上げられる。

6.18 ユニットバスか在来浴室か

設計者であれば、浴室も含めて建物の隅々まで自由にデザインしたいと考えるものである。在来工法で浴室をつくる場合、壁や床、天井の仕上げ、出入り口のドアを自由に決められるだけではなく、浴槽やシャワー水栓、棚や鏡などのアクセサリー類も自由に選定できる。またユニットバスと違って浴室のサイズを自由に設定できることから、住戸全体のプランニングの自由度を向上させる点も大きなメリットと言える。

一方で排水の処理上、ユニットバスが床懐が少なくて済むのに対し、在来工法の浴室の場合は防水工事やトラップの都合で大きな床懐をとる必要がある。またユニットバスは防水工事が不要であるのに対して在来工法では念入りな防水の設計と施工が必要となる。

設計段階ではどちらのタイプを選択するかの決断は悩ましいところではあるが、筆者は賃料の相場や全体の予算のバランスを考慮して、早々にユニットバスとするか在来工法とするか割り切って決めることが多い。

図１は在来工法の浴室と洗面室である。床と壁はコストを抑えるため防水材を仕上げ材として兼用して FRP 防水仕上げとし、天井はコンクリート打ち放しに保護剤を塗布している。また、小さなスペースを２つつくるよりはそれらをひとつにして狭さを解消すべく、浴室と洗面室との間にガラス間仕切りをシンプルに納めることで一体の空間としている。ユニットバスは天井高も出入り口扉の高さも小さいものが多いが、同じ天井高でも図２のようにガラス間仕切りとガラスドアを天井までの高さとすることによって、天井が連続して一体感が増し、大きな一つの室とすることができる。

洗い場の壁面に凹みをつくって鏡を嵌め込み壁仕上げ面と同面とし、打ち放しの天井の一部を箱抜きして浴室換気乾燥暖房機を埋め込むように設置している。その他にも細部で様々に工夫されており、一つ一つを見てみると些細なことであるが、その総体が魅力的なひとつの空間をつくり上げているのである。在来工法ではディテールまでコントロールし、様々な工夫ができるのである。

図1　在来工法の浴室　洗面室

図2　ユニットバス
ユニットバスを導入する際は、メーカーで設定された壁色や照明、シャワー水栓、棚や鏡などのオプションを選択することが基本となり、デザインする要素としては捉えにくい。筆者はオーナーから要望がなければ、壁と天井はできるだけ明るい無地の白系とし、シンプルなシャワー水栓を選び、適切と思われれば窓を設ける。さらに浴室乾燥暖房、棚2～3枚、鏡を追加するようにしており、追い炊き機能は住戸タイプにより判断している。

7 構造・設備計画のポイント

7.1 構造形式の特徴を整理する

建物の構造はデザインに大きく関係しており、外観やインテリアを一目見るだけで構造形式を判別できることも多い。構造の特徴を理解しておかなければ、建物のデザインはできない。建築設計の専門家にとっては常識的な内容ではあるが、構造形式ごとに集合住宅の設計に絞って特徴を述べる。

◉鉄筋コンクリート造

鉄筋コンクリートラーメン構造は、コンクリートの柱・梁・床で建物を構成する形式（図1）。水平力を柱梁の接合部で負担することで耐力壁が不要であることから、平面計画上、構造は柱のみが現れるのでプランニングの自由度が高いと捉えられがちであるが、実際には柱・梁の断面サイズは比較的大きい。賃貸集合住宅に多く見られる小規模住戸を設計する際には、難易度が上がる場合もある。水平荷重を負担する耐力壁を付けることで、柱・梁サイズを小さくすることができるので、戸境壁などを有効に使うとよい。1階をピロティにして平面の大半を駐車場とする計画ではラーメン構造が有効である。

鉄筋コンクリート壁式構造は、柱はなくコンクリートの壁のみで長期・短期荷重を負担するので、平面図に柱型はない。また開口部上部の梁の幅も壁厚と同寸法となるのでいわゆる壁から出っ張る梁型は現れない（図2）。ただし、直行する2つの方向にそれぞれ必要壁長さを確保しなければならいので、計画上大きな開口を連続さ

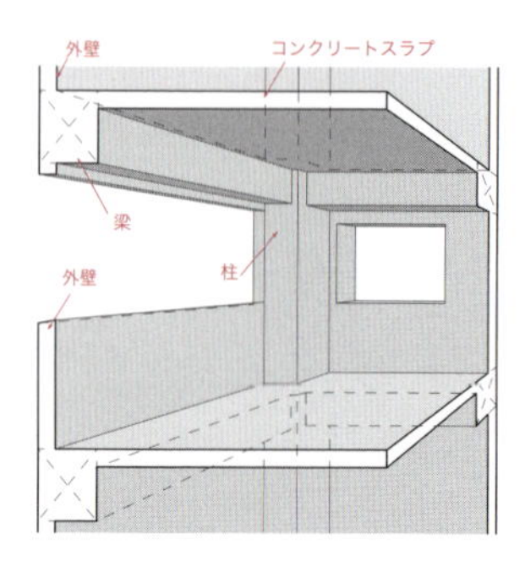

図1　鉄筋コンクリートラーメン構造

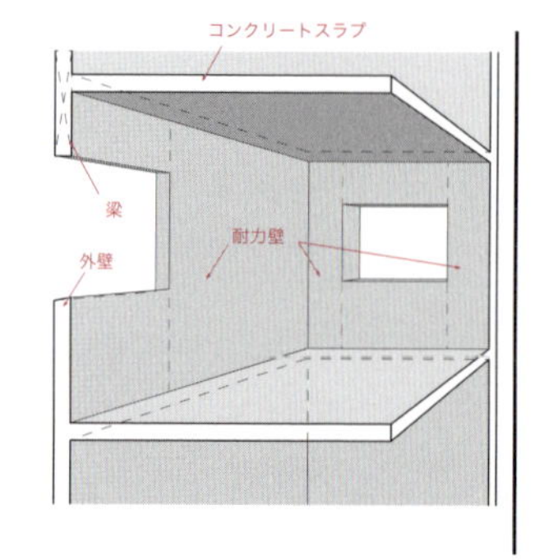

図2　鉄筋コンクリート壁式構造

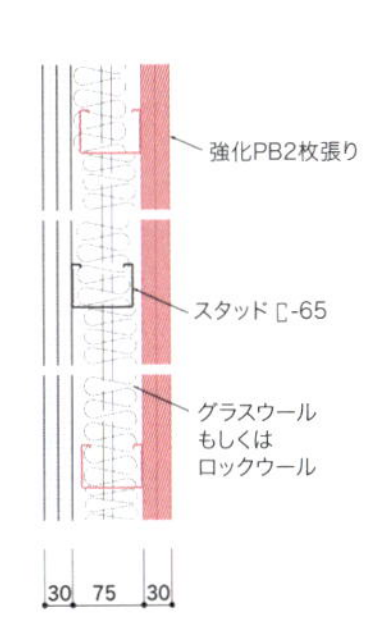

図3　乾式遮音壁の一例
図で色分けしているように、独立した2枚の壁を合わせた構造となっている

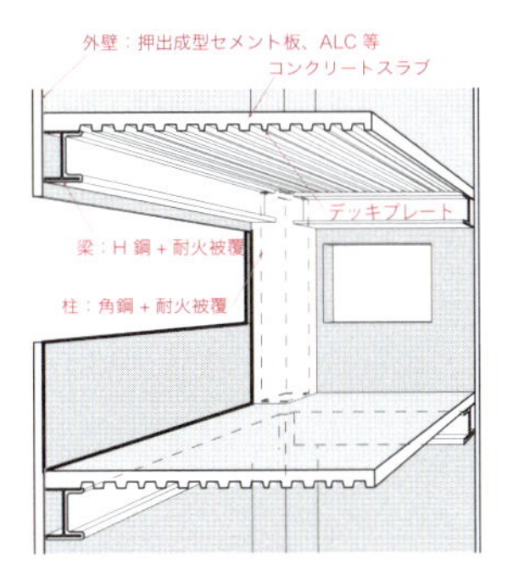

図4　鉄骨ラーメン構造

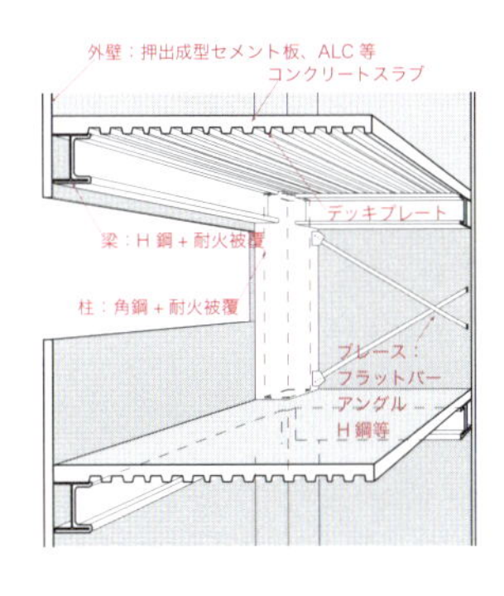

図5　鉄骨ブレース構造

せる必要がある場合や、玄関ドアとメータボックスが連続する場合などは注意が必要である。6 階以上の建物は壁式構造は適用できない。

ラーメン構造、壁式構造に関わらず鉄筋コンクリート造は隣接する住戸間の遮音性が壁・床共に高く、集合住宅に適していると言えよう。

◉鉄骨造

鉄骨造は、鉄骨の柱・梁とコンクリートやその他の床で建物を構成する形式である。構造体としての断面サイズは RC 造と比べると小さくなることが多いが、鉄骨部分に耐火被覆が必要な場合はその厚みも含めると必ずしもそうとは言えない。また、床は梁の上にデッキプレートを固定してこれにコンクリートを打設したり、ALC 床とする方法が一般的である。逆梁とすることがほとんど問題とならない RC 造と比べると、梁レベルの設定について自由度が低い。

外壁も戸境壁も乾式工法が基本である。外壁は押出し成形セメント板や ALC が使用され、戸境壁はスタッドを平面的に千鳥に配置して隣り合う住戸で下地を兼用せず、それに対して各々に強化石膏ボードを二重張りして壁内にグラスウールを充填して遮音性を上げるなど様々な工法がある（図 3）。床はデッキプレートにコンクリートを打設する方法が一般的であり、厚みの問題で鉄筋コンクリート造のスラブほどの遮音性は期待できないが、置き床工法と併用することで、賃貸集合住宅としては十分な遮音性を得られる。

鉄骨造には大きく分けてラーメン構造とブレース構造の2種類の構造形式があり、これらを混合する方法もある（図4、5）。ブレース構造は水平力を柱間に設けたブレースで負担するので、ラーメン構造と比較すると柱梁の断面が小さくなる。

また鉄骨造は、建物荷重が鉄筋コンクリート造よりは軽くなる。建物立面の縦横比が極端に大きいいわゆるペンシルビル状となると、杭に引き抜き力がかかることが多いが、これは建物重量が重いほど大きくなる。このような計画では、重量の軽い鉄骨造の方が鉄筋コンクリートよりも有効となることがある。ただしバルコニーを設けることが多い集合住宅では入念に防水の納まりを検討する必要がある。

◉木造

木造は一般的には3階建て以下の建物を計画する場合に採用される。建物重量が軽いので、軟弱地盤での計画でも地盤改良等を行うことで比較的コストを抑えて建築できる。

集合住宅は法規上、共同住宅（特殊建築物）と長屋に大別されるが、「木造3階建て共同住宅」とする場合には、共用部の開放性を保つなどいくつかの制限が加わるので基本設計の初期には法規上の要点を抑えて計画する。

また懸念すべきは住戸間の遮音性である。木自体は軽く振動を伝えやすいので、木の構造体では遮音を期待できない。そもそも遮音性を重要視しない場合を別とすると、戸境壁と床などに各々一工夫する必要がある。壁については、壁内にグラスウール等の遮音材を充填したり、鉄骨造のように戸境壁の下地を独立させる方法をとることもある。床は、床仕上げ材下に振動吸収のためのクッション材を入れ、下階の天井吊り材も上階の振動を吸収する専用の吊り材を用い、懐には吸音ウールなどを充填するなどの工夫をすべきである。

7.2 美しい構造と駐車場の確保を両立させる

集合住宅では地上階に駐車場を設けることが多い。複数台の駐車スペースを鉄筋コンクリート造の建物に設ける場合は、ラーメン構造が適している。駐車スペースと住戸の双方に適したモデュールを探してスパンを決定し、敷地の形状や接道の状況、前面道路の幅員などに対応して柱の位置を検討していく必要がある。3つの事例を挙げる。

図1、図2は角地のやや扁平な形状の敷地に建つ集合住宅である。最寄り駅から徒歩20分以上の距離に位置しているので、地上階はできるだけ多くの駐車スペースを確保することを求められた。敷地の北側を住戸へのエントランスと共用部とし、小さな自転車置き場を隣接させ、その他は2方向から出入りする駐車スペースとしている。前面道路幅員は4.0mだが、建物を道路境界線から1.7mほどセットバックしているので車入れには問題のない寸法である。車間の寸法を基に柱を配置し、上階の住戸の配置との折り合いを付けて決定している。駐車に支障のない柱間はできるだけ耐力壁を付けて壁付きラーメンとし、柱梁寸法を500□を基本サイズとした。

図1　正面より　1階の大半をピロティとし、駐車場としている

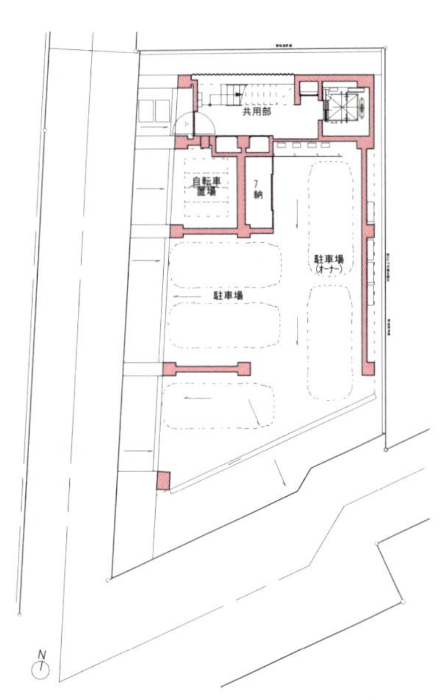

図2　1階平面図　S=1/400　壁付きラーメン構造として柱梁をスリムに設計している

図3　正面より　見付寸法を340mmとした壁柱と梁がファサードに表れる

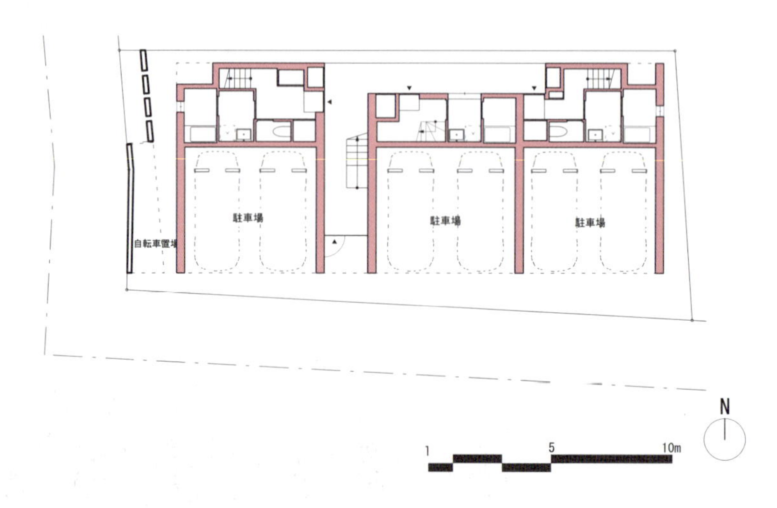

図4　1階平面図　S=1/300

賃貸集合住宅においては入居者用の駐車スペースについては縦列駐車は避けるべきであるが、オーナー用であれば検討の可能性はある。

図3、図4は6戸＋駐車場6台で構成される集合住宅である。敷地西側の道路側に面して、1階にはエントランスと駐車場の出入口を設け、2、3階は住戸のメインの開口部を設けている。このようにすべての階で同じ向きに大きく開口を設ける場合は、ラーメン構造の柱梁を薄く伸ばしたような薄肉ラーメン構造と呼ばれる形式も有効である。開口を設ける面に対して柱・梁の見付幅を小さくすることで、ラーメン構造の自由度を一方向に絞って高めることができる。ただし、直行方向に関しては、柱・梁ともに見付幅が極端に大きくなるので、階段や吹き抜けなどの床の開口範囲が限定される。本計画のようにメゾネット住戸をつくる場合には難易度が高くなる。

次頁の図5、図6は先の2つの事例と異なり、比較的広い駐車場の中央に車路を通し、その両側に駐車スペースを設けるプランである。道路からもっとも奥のスペースは駐車がやや難しいのでバイク置き場としている。車がすれ違うことができるよう十分な幅をとる必要があり、車路の幅は約7mとし、またそうすることで駐車も容易になる。構造的には上階だけみると、間口4.4mの4住戸に合わせて5列に柱を配置したいところであるが、1階の車路と道路からの出入り口のために中央の1列をとり、4列とする必要があった。中央のスパンが8.8mと大きくなるが、駐車場の梁成をすべて統一し、美しい構造でつくられている。

図５　駐車場内観　梁下レベルをそろえて統一感のある空間とする

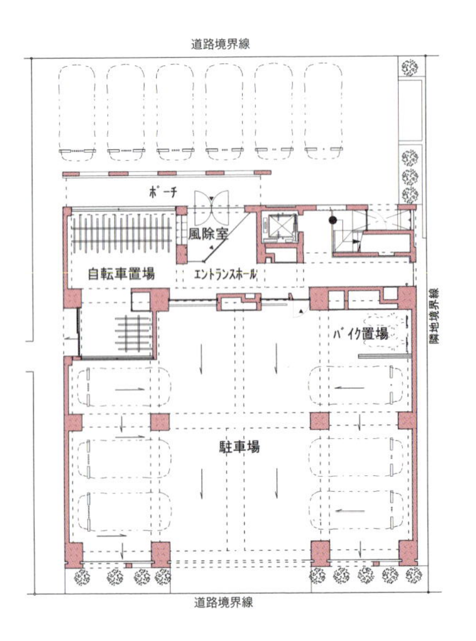

図６　１階平面図　S=1/400

7.3 構造計画と平面・断面デザイン

基本設計段階では、構造設計者に柱・壁・梁・スラブなどの構造的な要素について仮定断面サイズを示してもらうことになる。その情報を断面図に反映し、意匠・設備との関係のチェックを行うが、そのポイントを図2、図3に示す。実施設計段階ではこの内容を基本に詳細図も含めて精度を上げてゆき、最終的に仕上がる姿を決める。

これらの図は一例に過ぎず、建物によって独自の注意点や検討事項を発見しながら計画を進めること。

図1　道路からの見上げ　建物は前面道路からは見上げるように眺めることが多い。特にバルコニーが多い集合住宅では壁と梁の関係や軒の見え方など、立面図だけではなく模型で立体的に検討しておくとよい

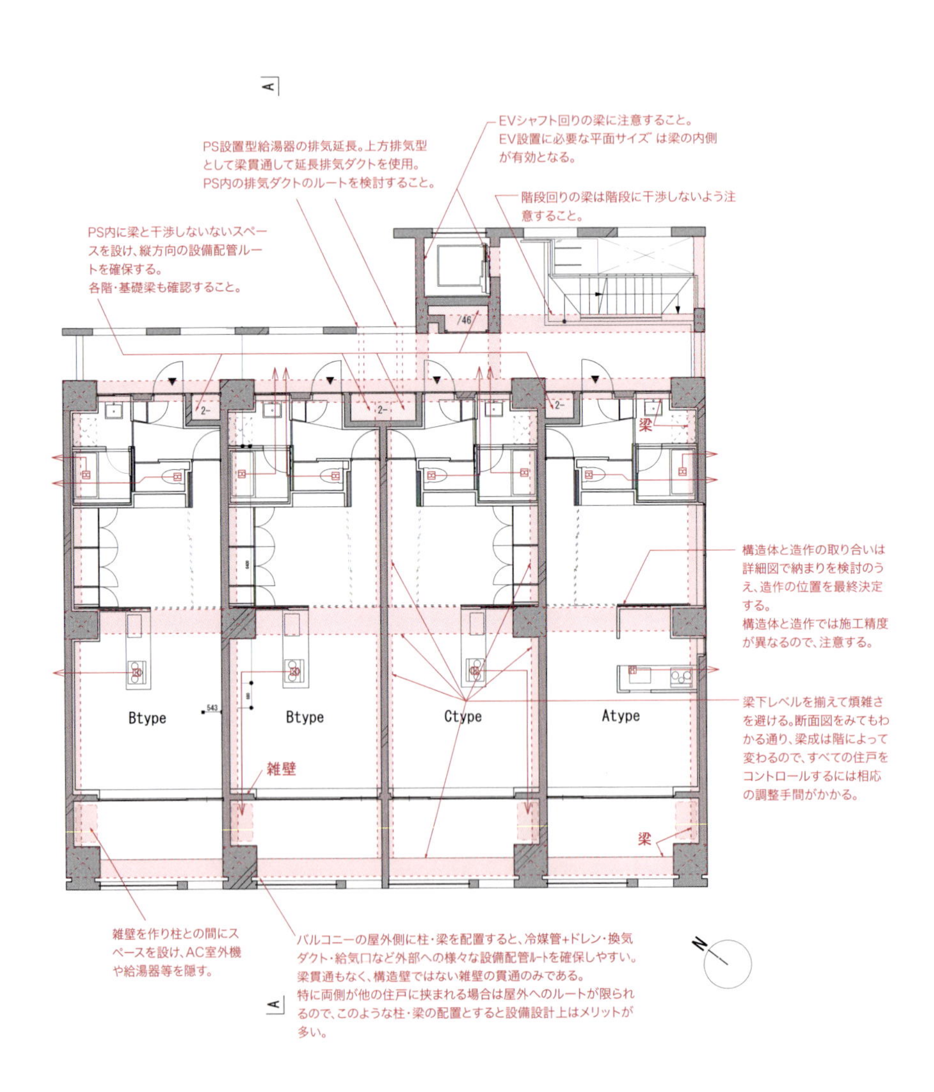

図2　3階平面図　S=1/200

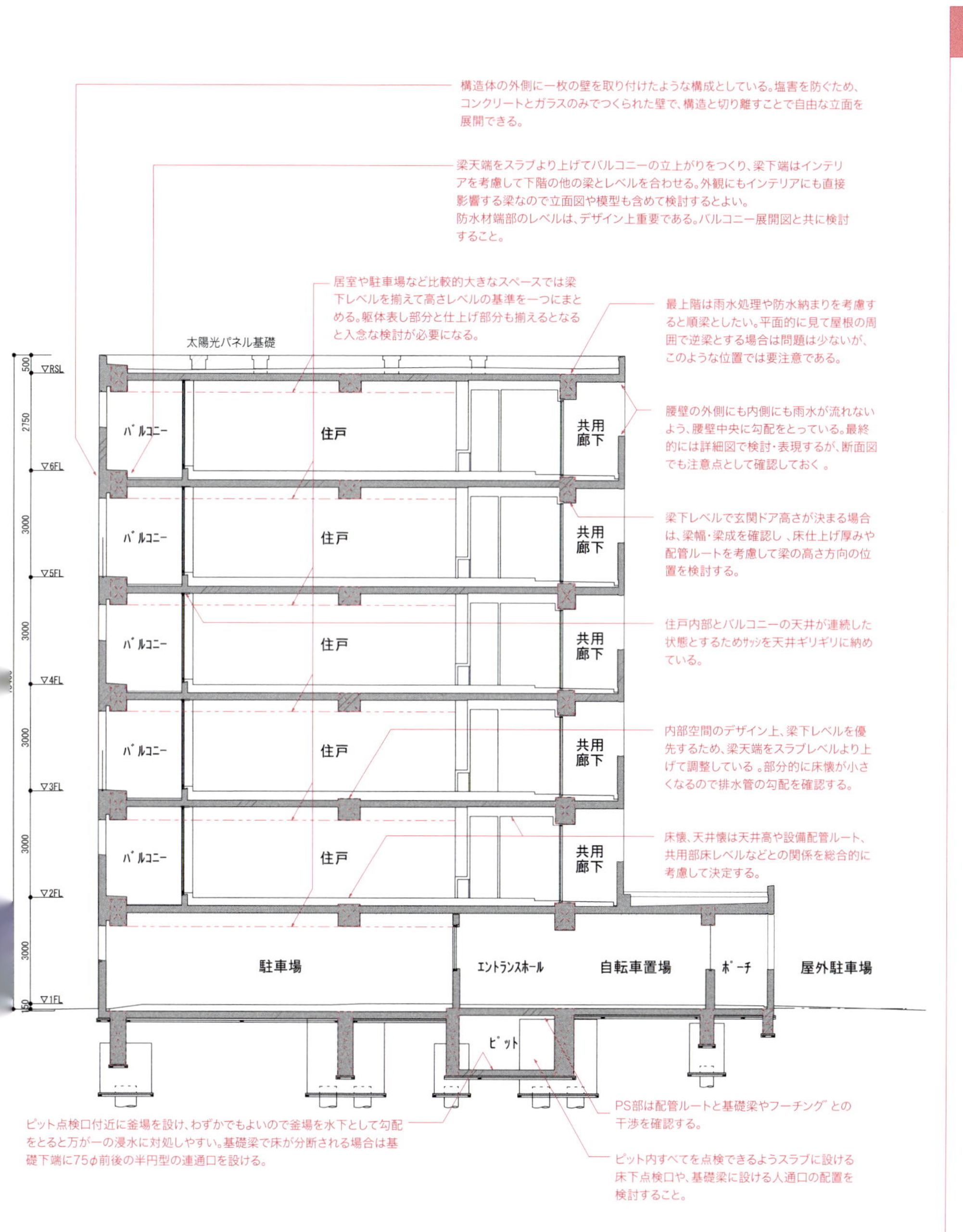

図3　A-A 断面図　S=1/200

図4　内観　構造計画は内部空間にも大きく影響する

7.4 設備スペックの考え方

集合住宅の設計では、ユーザーの要望を直接確認することはできない。基本的には企画段階で想定したターゲット（＝ユーザー）とライフスタイルを想像し、住戸間取りやデザインと共に様々な住宅設備機器のスペックも決めていく。

しかし、設備機器は常に進化し続けるものでもある。メーカー各社は利便性やエネルギー効率、デザイン性などの向上、イニシャルコストやランニングコストの削減を求めて開発を続け、それと並行してユーザーが求めるスペックも少しずつ更新されていく。見方を変えると設備機器は、建物の中でもっとも陳腐化しやすい要素と言える。設計者は最新の設備機器を定期的に確認しながら機器の選定をしていくよう努めつつ、一方でユーザーにとって長く愛される建物であり続けるために、設備機器に頼らず普遍的な魅力を持たせるよう建物を設計していくべきである。常に最新かつ高性能の設備を導入すればよいというわけではないのである。

例えば風呂の追い炊き機能。賃貸集合住宅においては一般的なスペックとみなされることが多いが、すべての住戸に導入する必要はないように思う。はたして、単身者用住戸についてはどれだけ必要とされているだろうか。一人暮らしの生活では、いったん湯はりした浴槽を再び温めなおして入浴する場面はそう多くはないだろう。この機能を導入するには給湯器をオートもしくはフルオートとし、浴槽への専用往き還り管を配管し、そしてその分のスリーブを設けるだけのコストと手間が必要となる。こうしたことを考慮すると導入すべきか疑問である。

また、温水洗浄便座は前入居者が使用したものをそのまま使うことについて違和感があるとされ、設置を懸念した時期もあったが近年では一般化された感がある。たった十数年前後でユーザーの感覚が変わることもある。陳腐化しやすい要素ではあるが、将来的に機器は取り替えが比較的容易なのものも多いので、ある程度は時流に従うスタンスを基本とし、そのつどオーナーの考えも取り入れて選定していくのが妥当であろう。

表1　設備機器＋周辺仕上等選定表

浴室	在来工法	浴槽	サイズ		800*1500
			色		白
			材質	人造大理石	○
				FRP	——
		シャワー水栓	シャワーヘッド		メッキ
			ホース材質		シルバー
			シャワーバー		無し
			レインシャワー		○
		換気扇	乾燥暖房機能付き		○
			換気扇のみ		——
		追い炊き機能	有り		○
			オートストップのみ		——
		棚	3枚程度		
		タオル掛け	W200程度を2枚		
		床	磁器質タイル		○
			FRP		——
			その他		——
		壁	磁器質タイル		○
			FRP		——
			その他		——
		天井	ケイカル板＋ウレタン塗装		○
			バスリブ		——
			その他		——
		照明	ダウンライト		○
			間接照明		——
			ブラケットライト		——
			その他		——
	ユニットバス	サイズ	——		
		床	——		
		壁	——		
		天井	——		
		換気扇	乾燥暖房機能付き		——
			換気扇のみ		——
		追い炊き機能	有り		——
			オートストップのみ		——
		棚	——		
		タオル掛け	——		
洗面	洗面器	置き型	○		
		アンダーシンク	——		
		オーバーシンク	——		
		カウンター一体	——		
	カウンター材	人造大理石	○		
		木製＋ウレタン塗装	——		
		天然石	——		
		その他	——		
		なし	——		
	水栓	シャワー付き	——		
		シャワー無し	○		
	下部収納	扉	メラミン		
			木	○	
		引き出し	○		
	鏡	鏡のみ	——		
		ミラーキャビネット	○		

トイレ	タンクレス	○		
	温水洗浄便座	○		
	ペーパーホルダー	2ケ		
	手洗い器	なし	○	
		置き型	——	
		アンダーシンク	——	
		オーバーシンク	——	
		カウンター一体	——	
	カウンター材	人造大理石	——	
		木製＋ウレタン塗装	——	
		天然石	——	
		その他	——	
		なし	○	
	下部収納	扉	メラミン	
			木	
キッチン	カウンター	人造大理石	——	
		クォーツストーン	○	
		天然石	——	
		ステンレス	ヘアライン仕上	——
			バイブレーション仕上	——
		木製＋ウレタン塗装	——	
	シンク	ステンレス	既製品	——
			製作	○
		人造大理石	——	
	キッチン水栓	シャワー付き	○	
		浄水器付き	○	
	浄水器	有り	——	
	コンロ	ガス	○	
		IH	——	
		グリル	○	
		ガラストップ	○	
		その他	——	
	レンジフード	メーカー・型番	——	
	食洗器	有り		
		無し	○	
床暖房	有り	室名	——	
		温水	——	
		電気	——	
	無し	○		

設備機器＋周辺仕上等選定表　設備機器の選定にあたり、はじめにこのような表を用いて機能や仕上げ等の選択を行うと、後の機器選定が効率よく行える。設備機器単独では考えにくい項目では、それと関係する周辺の仕上げも含めている。

7.5 スマートな受電・分電・通信配管

◉幹線・弱電の引き込み・各住戸までの配管

電灯や動力の幹線については、敷地内→建物→各住戸へのルートを系統図で整理しておくと、PSやMB、引込開閉器盤、MDF、自動火報知設備等の必要スペースをもれなく確保してプランニングを進められる。注意すべきポイントや事例を紹介しておく。

敷地内引き込みについては建物の外観上とても重要である。図1、図2は、引込み柱の事例である。道路上の本線から幹線を敷地内へ引き込み専用の柱で受け、柱内を経由して地中に通し、引込み開閉器盤へ接続する。引込み柱は溝型鋼150×75の両側にフラットバーを溶接し、正面フタ受けとしてアングルをボルト締めする。正面フタは4.5㎜厚のフラットバーとし、鉄部はすべて溶融亜鉛メッキとする。引込み柱におさめる幹線の太さは建物によって様々であるが、この構造であればフラットバーのサイズを変えることで柱内の有効寸法を調整することができる。極端にスペースが不足する場合は溝型鋼をサイズアップする。また柱脚にはベースプレートを設置して地上から1m前後の深さでベースコンクリートにアンカーし、地面までの範囲はコンクリートで根固めする。ベースプレートは柱サイズより大きいので隣地境界線や道路境界線を越境しないよう余裕をもって柱位置を決めること。電灯・動力のみならず弱電の引き込みとしても兼用し、予備配管スペースも確保している。

次に引込み開閉器盤から建物への引き込みについては、地上階のみの建物であれば、1Fスラブ下レベルで難なくルートを確保できるのが、地下階がある場合にはPSまでのルート確保が意外に困難なので注意が必要である。例えば、外壁面に設けた幹線専用EPSへGL-1000前後のレベルで引き込み、このEPSを経由していったん地階下のピットに落としてから各メーターボックスへ配管する必要がある（図3）。幹線の施工性についてはなかなかイメージがしにくいので、設備設計者と入念に打ち合わせしておく必要がある。

◉分電盤・マルチメディアポート

賃貸集合住宅において分電盤の配置は意外に重要で、住戸内での入居者の生活上特に不便がなければ、内見の際のON/OFFをスムースに行えるよう玄関付近に設置しておくとよい。戸建て住宅とは違って、ブレーカーが落ちる頻度よりは空室時の使用が多いと

図1　引込み柱

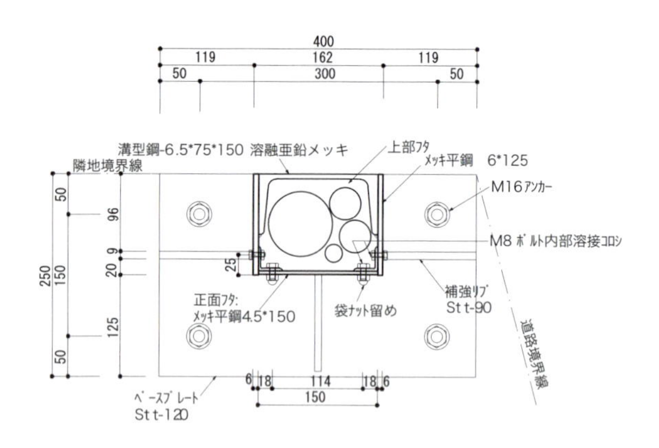

図2　引込み柱平面詳細図　S=1/10

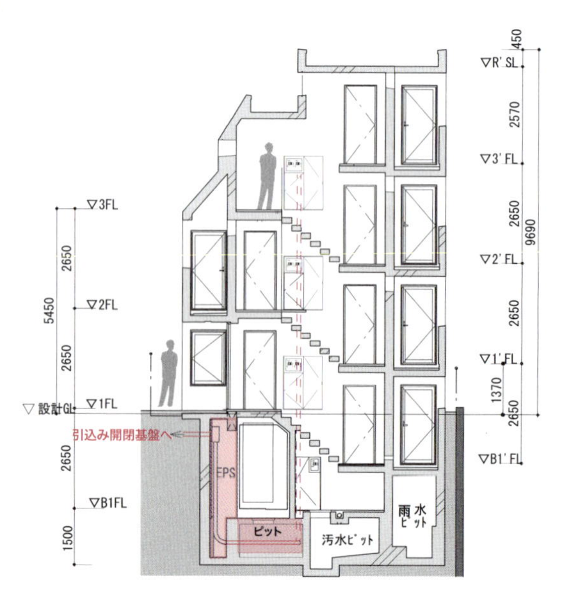

図3　断面図　S=1/200

言える。

マルチメディアポートとは、電話・インターネット・テレビなどの弱電設備の配線が集中する盤で、入居後はモデムやルーターが隣接して置かれる。居室が複数ある住戸で、各居室にテレビや電話、LANの端子が設置される場合はこの盤ですべての処理ができるので便利であるが、単身者向け住戸など弱電系アウトレットが一箇所に集中する場合はマルチメディアポートを設ける必要はないだろう。

これらの盤は決して見た目が良いものではないのでむやみに露出せず、できるだけ収納内におさめるなど配慮して設置するべきである(図4、図5)。

◉電話・インターネット・テレビ

近年、電話・インターネット・テレビなど通信サービスは複雑化している。従来は入居者が各々電話会社と個別に契約し、電話とインターネットのサービスを使用し、テレビはアンテナを経由して全住戸で無料で受信していたが、近年では「インターネット無料」などのキャッチフレーズを付して入居後即インターネット接続ができる状態にしておくケースも多い。こうした通信サービスは電話会社やケーブルテレビ会社によって提供され、オーナーの意向で決定されオーナーが契約を行う。設備設計としては、いかようにも対応できるよう予備配管などを設置しておくべきである。

図4　収納に納められた分電盤とマルチメディアポート

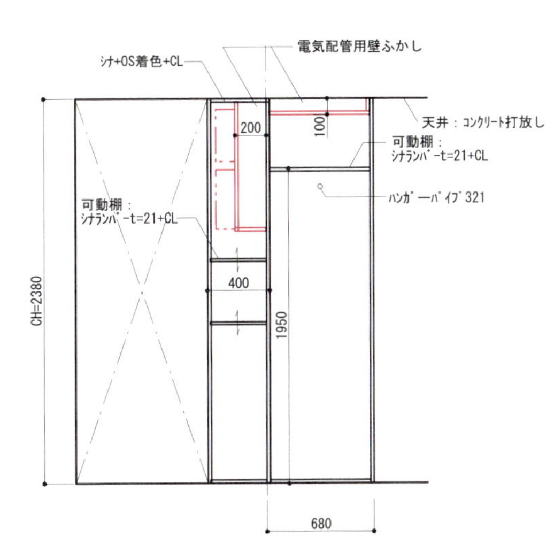

図5　収納断面図　S=1/50

7.6 オートロックとセキュリティについて

賃貸集合住宅においてエントランスのオートロックが一般的となって久しい。オートロックは共用エントランスドアに電気錠を組み込み、その付近に設置された集合玄関機と各住戸のインターフォンを連動させ、来客時には住戸内からエントランスドアを解錠し、入居者自身が帰宅する際はキーや暗証番号で解錠するシステムである。古い集合住宅でも後付け可能なオートロックシステムを設置して現在のスペックに合わせる工夫もなされているほど一般的である。

しかし、オートロックの設置が困難な長屋形式の集合住宅や、狭小地における集合住宅もある。その場合はオートロックに変わるセキュリティについて一工夫しておくとよい。

図1は5.1で紹介した狭小地における集合住宅である。オートロックの代わりに階段室とエントランスバルコニーを分けるドアに錠前を取り付けた。戸建て住宅でいうと門扉に錠前を取り付ける感覚だろう。エントランスバルコニーから室内へ入る玄関ドアにあたる扉にも錠前を取り付け、住戸内から遠隔で解錠することはできないが、2重ロックの状態としている。

また、長屋形式の集合住宅などで、それぞれの住戸へのアプローチにオートロックを取り付ける十分なスペースを設けることができない場合など、入居者の希望があればホームセキュリテイを設置できるよう設備設計を行なっている。

オートロックに加えて、賃貸集合住宅に防犯カメラを設置するケースも珍しくはない。ある警備会社の見解では、防犯カメラを設置しすぎると、入居者が監視されている感覚となり好ましくないそうだ。エントランス付近の設置のみに留め、各住戸の玄関付近は避けるなど、どこまで監視するかはそのつどオーナーと協議をしておくことが必要である。またカメラの台数が多いと共用部の美観を損ねることもあるため、デザイン上の配慮も必要である。

また、地下室やドライエリアを設ける場合には、生活排水や雨水のポンプアップが必要となる。地下階の床スラブの下にピットを設け、そこにポンプを設置することになるが、管理人が常駐していない集合住宅などポンプの故障に気付きにくい建物もある。このような場合は、ポンプの故障の警報を警備会社に送るシステムを組み、速やかに復旧できる状態としておくことが望ましい。

図1　オートロックなしのエントランスとエントランスバルコニー

7.7 給排水・衛生・空調設備の工夫

古い集合住宅では上階の住戸の排水管がスラブを貫通し、下階の天井裏を経由して共用の縦管に接続されていることがある。排水管が鉄製であることが多く、管内の発錆による詰まりや管自体の損傷が水漏れの原因となるが、この排水管の交換には上下の住戸の両方に工事が発生する紛らわしさがある。下階の天井を壊してまで変更することは現実的には困難なので、水回りの位置を大幅に変更することもできない。

このような理由から、基本的には設備配管はそれを使用する住戸内におさめ、大きくとった床下の懐で縦管までのルートを確保する。他の住戸とは無関係にメンテナンスやリノベーションが可能な状態とし、スケルトン内にインフィルを完結させることを基本とする。

木造アパートであっても、水回りに関してはできるだけ構造用合板の上にもう一つの床をつくるように構成して配管ルートを設け、キッチンは家具下の台輪の高さ分のスペースなどを利用し、他の住戸に配管ルートをとらない状態が好ましい。

◉エアコンを美しく設置する

今日の賃貸集合住宅ではエアコン完備は必須である。設計時に機器を選定し、室内機と室外機の配置を決め、冷媒管とドレンのルートも決めておく必要がある。しばしばみかけるのは、室内に出っ張った梁型に室内機を取り付け、冷媒管とドレン管がだらしなく梁と壁をつたって梁下の壁を貫通し、貫通した先のバルコニー側でも配管が外壁を這って室外機に接続している姿だが、これではきちんとデザインされたインテリアやバルコニー、外観に相応しくない。一部の自治体では外部に表れる室外機に目隠しをするようなルールが適用されているが、配管も含めて処理をしていくべきである。

図1はキッチンの排気ダクトスペースの一部を凹ませてルームエアコンの室内機を設置した例である。ダクトスペースは袖壁の幅に合わせ、梁型を隠すように高さを設定している。冷媒管とドレン管はダクトスペースと袖壁をふかしたPSを経由して室内に一切あらわれることなくできるだけ床レベル付近で壁を貫通し、バルコニーに置かれた室外機にも配管が目立たないよう接続されている。室外機は袖壁と外壁側に配置された柱との間にできるスペースにおさまるよう設置している。

図1　住戸内観　写真右上に排気ダクトスペースを設け、その一部を凹ませてエアコンを設置している。

図2では、クローゼット上部に収納するように室内機を設置した。クローゼットの奥行きに対して室内機の奥行きは浅いので、背面に十分なスペースを設けて容易に冷媒管、ドレン管のルートが確保できる。冷媒管は隣接する水回りと廊下の天井懐からPSを経由して屋上に設置されている室外機に接続し、ドレン管は室内の排水管に専用トラップを経由して接続している。

集合住宅においては室外機がバルコニーに設置されることが多いが、筆者はできるだけ屋上か地上の建物回りの目立たない場所に配置することを優先している。必ずしも十分な広さのバルコニーをとれない計画もあり、バルコニーも生活スペースの一部として魅力的なデザインとしたいというのが理由である。ただし、室内機と室外機をつなぐ冷媒管の長さに限界があるので、建物が高層化すると住戸に隣接したバルコニーに設置せざるを得ない。その場合でも美しく設置することを心がけるべきである。

図2　住戸内観　写真左側のクローゼット上部にエコアンを設置している

7.8 エレベータを賢く導入する

エレベータの設置については、基本設計の初期にポイントをおさえてプランに反映しておくとよい。4点のポイントを挙げる。

◉定員・定格速度の決定

メーカカタログに記載の早見表から、住戸数や階数を基に使用が集中する時間帯と最大人数を考慮し、定員と定格速度を決定する。シャフト内有効寸法やピットの高さ寸法とオーバーヘッド寸法が決まるので、これらの寸法をおさえてプランに反映する。

◉シャフトサイズの決定

有効寸法はシャフトの壁厚を考慮することはもちろん、梁が必要となることもあるので、梁幅を想定した上でシャフトのサイズを決めていく。早い段階で構造事務所と擦り合わせておくとよい。

◉雨がかりに注意

エレベータシャフト内への雨水の浸入は避けなければならない。共用部の水勾配はエレベータの出入り口を水上にして、かつエレベータのドアから平面的にも断面的にも45°の線を描いて雨がかりを避ける壁や軒、庇を設けることが基本となる。万が一シャフト内に水が浸入してもすぐに故障に繋がることはないが、いずれにしてもその場合は水の排出が必要なので極力避ける構造とすること（図1）。

◉高さに関すること

エレベータシャフトは最上部にオーバーヘッド、最下部にピットを設ける。どちらもメーカで設定された必要高さ寸法を確保してシャフトを設計するが、オーバーヘッドは屋上スラブより高くなることもある。建物高さ、日影規制などの高さ制限、屋上パラペットのつくり方に影響するので注意しておくとよい。

以上を基本にエレベータを計画する。エレベータ自体をデザインするチャンスはほとんどなく、メーカで用意された仕様や色を選びオプションを追加していく程度である。日常的に使用する場所でもあるし、できればコストをかけずに一工夫を試みたいのであるが、図2は外観の開口部のリズムと同調するようにエレベータシャフトにFIX窓を設け、エレベータのかごにも窓を設けた例である。かごに乗って上下に移動をする時は少しずつ変わっていく景色を望め、何よりエレベータ特有の閉じ込められた感を払拭できる。外観からも移動の様子が伺え、夜間になると光が移動する「動く立面」となる。

※その他設備に関しては「デザイナーのための住宅設備設計［術］」彰国社により詳細に解説しているので参照されたい。

図１　エレベータと屋外階段　エレベータシャフトへの雨がかりを防ぐようガラス庇を設置している

図２　外観夕景

8 低メンテナンス・高プレゼンスの維持

8.1 メンテフリーな白黒壁

図1は都内有数の都市公園に面し、東西で接道する敷地に立つ集合住宅である。外壁はコンクリート打ち放しに黒色透明の疎水材（ランデックスコート）をコンクリートの表情が表れるように塗装している。通常はコンクリート打ち放し仕上げには化粧型枠としてパネコートを塗布した合板を用いるところをできるだけラフな質感に仕上げるため普通型枠を用いた。これと対比するように、バルコニーに面する外壁のみ左官で全面補修してコンクリート面を平滑に仕上げ、白色のペイントをした。この壁に連続する住戸内の壁と天井も白で仕上げ、黒いラフな塊に白色のトンネルのような穴（＝住戸）が穿たれている。2種類の外壁のコントラストがこの建物のデザイン上の特徴でもある。

この特徴を維持するためには、ラフに仕上げられた黒色の外壁の清掃は不要で、バルコニー回りの白色の外壁のみをきれいに保てばよい。バルコニー外壁のメンテナンス時に足場は要らず、入居者の入れ替わり時に状態を確認し、クリーニングを行うか、必要であれば塗装をすればよい。デザイン上の方針とメンテナンス性（＝ランニングコストの削減）が上手く折り合った例である。

図1　正面より

8.2 塩害地域での金属使用

図1はおよそ50年前に埋め立てられ、人工的に区画割された問屋街に建つ集合住宅である。東京湾から300mほどの距離に位置し、強い潮風とそれに伴う塩害に対処すべく、エアコン室外機、照明器具などは耐塩害仕様としている。建築自体も鉄・ステンレスなど金属を用いず、コンクリートとガラスのみでつくられた4枚の壁で住戸群をはさむよう構成した（図2）。塩害によるメンテナンスが必要となっても、足場をかける必要のない場所に限定されるので、ランニングコストは削減される。

結果的に外観に表れる素材の種類は極端に減り、打ち継ぎ目地を消すことで、より即物的な質感を得られた。

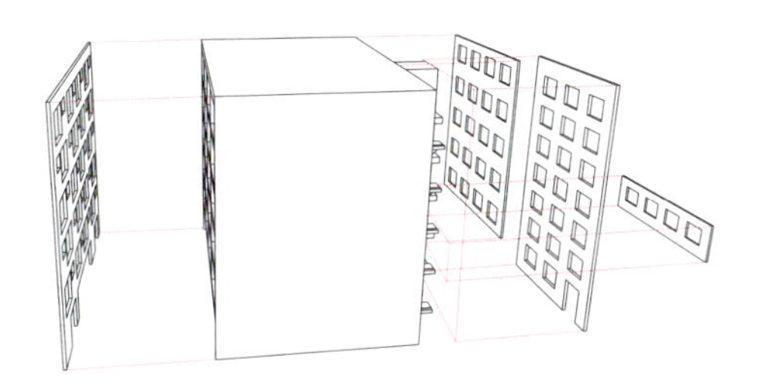

図2　4枚の壁の構成

図1　正面より　コンクリートとガラスで構成されたファサード　打継ぎ目地を消して一枚の壁としてみえ、スケール感が希薄になる

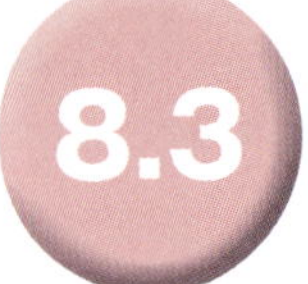

8.3 手間の少ない効果的な植栽

一般に設計者は建物と共に外構や植栽などの計画も行うが、最近、小規模のプロジェクトにおいても共同設計者としてランドスケープデザイナーが加わることも多い。特に賃貸集合住宅の植栽計画では、オーナーが常時不在であったり管理業務の負担を減らしてランニングコストを抑えることも考慮しなければならず、メンテナンスを想定しながら植栽をデザインしなければならないので専門家のアドバイスが有用だ。ひと昔前にはメンテナンスを最優先して落ち葉の処理が不要な常緑樹のみの植栽計画が多かったが、樹種の選択肢が狭まる上、どこか重々しく画一的な植栽デザインとなりかねない。メンテナンスについてもう一歩踏み込んで分析することで、その場所に相応しい植栽デザインを行うことができる。

図1は、植栽範囲を絞りながらも、できるだけ効果的に緑を感じ取れるようデザインした集合住宅の中庭である。中木、下草をひとつのまとまりとして計画し、いずれにしても年に1、2度は剪定が必要なので、常緑樹を使用せず1年を通して変化に富む落葉樹であるアオダモとカエデを植え、下草はラベンダー、ギボウシ、クリスマスローズなどとしている。中庭全体を芝生とする案もあったが、夏場毎週のように芝刈りをしなければならず、合わせて雑草の処理も想定すると現実的ではないので、中庭のほとんどを砂利敷きとした。

管理の手間を省くために注意すべきはグランドカバーで、少なくとも年1度の造園業者等によるメンテナンスを入れるのであれば、中木や高木はそれほど気にせず選択してよい。ただし、果樹は鳥が集まり糞の掃除が発生するので、注意が必要である。

図1　範囲を絞った植栽計画

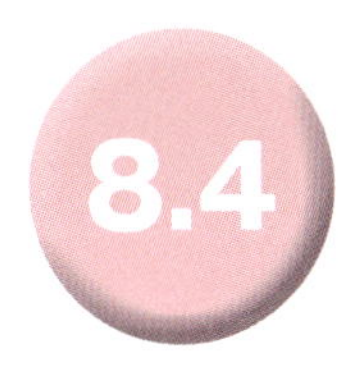

8.4 RC打ち放しはメンテナンスフリーである

入居者の退去時には、経年変化による劣化は敷金ではなくオーナー負担で修繕を行うのが通例である。清掃はもちろん壁や天井のクロスを張り替え、床のフローリングやプラスチック系タイルを張り替えるなど仕上げ材の更新が主となり、これらにかかる費用を削減することも賃貸集合住宅の経営では重要なことである。

住戸内のコンクリート打ち放し仕上げの天井や壁は、ほぼメンテナンスフリーである。グレーに近い色でそもそも斑や不陸があることから少々の汚れも目立たず、かつ他の仕上げ材と比べて硬く頑丈で、多少荒く使用されていたとしても目立った損傷は極めて少ない。室内では風雨にさらされないので酸性雨による経年変化もほとんどなく、退去時の修繕を考えるとこれ以上、優れた素材も少ないだろう。

筆者が進めるプロジェクトでは予算が厳しい場合が多く、室内で断熱を必要としない壁・天井はコンクリート打ち放しとすることが多い（図1）。また壁に関しては型枠の転用も許容することが多い。

図1　コンクリート打ち放しの天井と戸境壁　奥の外壁は断熱をするため仕上げをしている

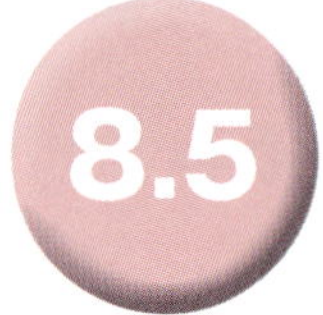

8.5 結露・カビを防ぐ策

結露は仕上げ材の剥離や変形などの劣化を引き起こし、空気が滞留する場所では結露水が蒸発しにくくカビの原因となりやすい。結露を最小限に抑えることは、修繕費用を抑えることにもつながる。

◉サッシと造作の縁を切る

鉄筋コンクリートの建物に用いられるビル用アルミサッシは、割高なアルミと樹脂を組み合わせた断熱サッシを用いない限り、熱的に縁が切られておらず、冬場はガラスだけでなくサッシの枠自体が結露することが多い。さらにサッシに付属する造作取り付け用のアングルもアルミ製で、同様に結露をする。このアングルは、造作との取り合い面積を小さくするために突起がついており、熱伝導率が高いなりに工夫はされている。しかし、アングル自体の結露水がそれに取り合う造作材に触れてしまうこともあり、腐食や劣化を招く。このような状態を防ぐため、樹脂製の部材をサッシと造作材の間に設置し、両者の縁を切る工夫もされている。

◉ウォークインクローゼット・納戸には換気扇を設置する

カビの発生の原因は、ある場所に水分が長く留まることにある。つまり、結露などで水滴が床や天井に付着したとしても、速やかに蒸発させることができればカビは発生しにくい。

ウォークインクローゼットや納戸、洗濯機置き場など、密閉性が高く空気の流れが起こりにくいスペースには、必ず換気扇を設置して機械的に空気の入れ替えを行い、結露水などの水分が蒸発しやすい環境としておくとよい。

◉ガスヒーター・石油ストーブの使用

結露の対策は、建築的な工夫や対処に限ったことではない。そもそも空気中に含まれる水分を少なく保てば結露は起こりにくい。閉じきった８畳の部屋に人一人が一晩いるだけで、呼気に含まれる水蒸気によってその室の湿度はかなり上がってしまうし、居室で鍋料理をするだけでも湿度は急激に上がり、結露が発生しやすい環境となる。

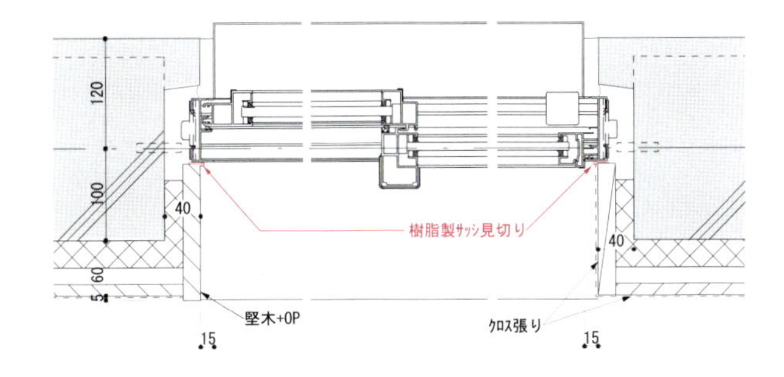

図1　サッシ回り平面詳細図　S=1/10
樹脂製見切りでサッシと造作物の縁を切る

見落としやすいのが開放型の石油ストーブ、石油ファンヒーター、ガスストーブ、ガスファンヒーターの使用による湿度の上昇である。燃料となる石油やガスには炭素（C）と水素（H）が含まれており、燃焼すると酸素と結びついて各々二酸化炭素（CO_2）と水（H_2O）となる。開放型の場合、発生した水分はそのまま室内に放出されるので湿度が上がるのである。具体的には灯油を燃やすとほぼ同量の水分が発生し、同じ熱量を都市ガスによって得ようとすると、その約1.5倍の水分が発生する。

賃貸集合住宅では、入居者に対して開放型の石油やガスを燃料とする暖房の使用を禁止していることも多く、そうした流れが一般化されつつある。

8.6 外壁タイルは要注意

日本では外壁にタイルを張った集合住宅を多く見かける。仕上げの素材感や色合いが極めて良い上質のものから、見るからにそうでないものまでその種類は様々である。含水率によって磁器質・せっ器質・陶器質と区分され、タイル自体は極めて経年劣化が少ない材料である。

外壁にタイルを施工する際にはモルタル下地に接着張りが主で、タイル同士の隙間には目地材やシールを充填する。タイル自体は劣化しなくとも下地や目地材、シールの劣化により、タイルの浮きや剥がれ、ひび割れが発生することもあれば、地震時の建物の変形に下地や目地が追従できずに同様の不具合が起こることもある。さらには目地のひび割れからタイルの裏側に雨水が浸水することもあり、タイルの剥離や落下、場合によっては建物内部への侵入の可能性もある。タイルに覆われているため水みちを特定するのは困難で全面改修となるが、早期の点検やメンテナンスで初期の対応ができればメンテナンス費用も抑えられるだろう。

定期的な点検により、部分補修をすることが好ましいが、竣工後10年以上を経た時に同じ材料を入手できるとは限らない。新築時から十分な予備の材料を保管していない場合は、類似品を用いて部分的に張り替えるしかなく、その場合の違和感は否めないだろう。

また点検と修繕には、外壁回りの足場の設置期間が長く、日常生活を送るうえでも防犯面でも入居者に負担を強いることになる。外壁タイル張りを採用する際は、こうしたデメリットを知ったうえで決定すべきである。

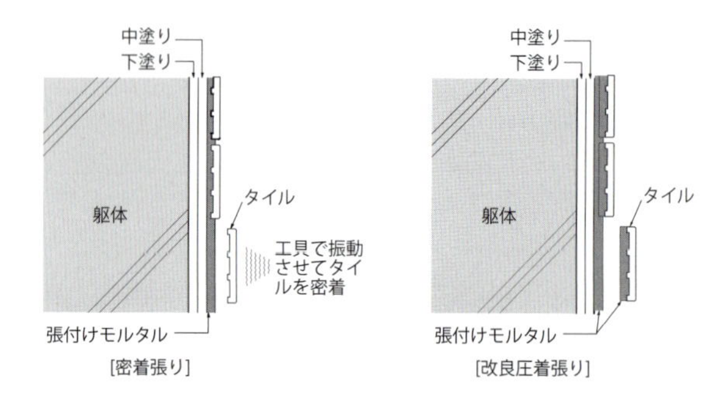

図1　代表的なタイルの施工法

8.7 PS・配管の将来性を考える

住戸内の設備配管を区画内で完結させることの重要性は、「7.7 給排水・衛生・空調設備の工夫」で述べた。ここでは共用部の設備配管について、メンテナンスの観点から述べる。

現在では給水管や排水管の材質は塩ビ管や耐火二層管が基本となり耐久性も上がり、排水管内の清掃技術も上がり、配管の更新の期間も格段にのびた。

とはいえ、長期に渡る維持管理を要する賃貸集合住宅の経営においては、建材の撤去やその修復などせず容易に配管を確認・清掃・交換できる状態としておくことが望ましい。基本的には縦配管が集約されるPS・MBを設けて扉をつけ、平面計画上、可能であればすべての配管をおさめる。これらは建物下まで配管されているが、点検やメンテナンスのための地下ピットへの出入りも容易にできる状態としておくとよい（図1）。

図1　共用廊下に面したPSの内部

8.8 機械式駐車場は抑えめに

敷地が駅から遠く、入居者の車利用が想定される場合や車が主たる移動手段となる地方都市などで、入居者の利便性を考慮して駐車場を積極的に設ける場合とは別に、建物規模や住戸数、その面積等によって市区町村の条例によって駐車場の附置が義務づけられるケースもある。市区町村全体として住民の利便や交通、都市環境を考慮して制定されているルールではあるのだが、自らの事業計画上は明らかに不要と考えざるを得ない場合もある。

このような計画においては、敷地の一部に屋根なし平置きの駐車場を配置したり、建物1階部分のピロティを駐車場とする方法がイニシャルコストがかからず一般的であるが、住戸数をできるだけ多く確保する目的で、できるだけ小さな面積で所定の台数分の駐車スペースを確保しようと機械式駐車場を計画する場合にはいくつかのポイントをおさえておかなければならない。イニシャルコスト、電気代や定期メンテナンス、交換部品代などのランニングコストや設置スペースとアクセスのための通路確保などについて、計画の初期の段階で把握しておくとよい。また美観上、デザイン的な対応が難しいという側面にも注意したい。

図1　機械式駐車場

8.9 オーナー住戸の位置と将来計画

賃貸集合住宅にオーナー住戸が併置される場合、筆者には設計の難易度があがるように感じられる。理由は次の2点に集約される。

1つには、同じ住宅でも単身者用住戸とオーナー住戸では、その住戸面積の差のみならず、もう少し細かな水回りや各室のサイズにおいて微妙にスケール感が異なる点。もう1点は、集合住宅では1つの住戸の平面形と構造計画とが強く関係していることが多く、単身者用住戸に適した構造のスパンとオーナー住戸に適したスパンが異なる点。この2点から1つの建物の中にオーナー住戸とその他の住戸をうまく整合させておさめようとすると矛盾が生じやすく、無理なく自然な構成を探し出すことに時間を要するのだと考える。

賃貸住戸を基本に全体のボリュームをつくり、後からオーナー住戸をあてはめてみたり、またその逆を試みたりとしていくことを繰り返し、双方が折り合う形式を見つける作業が多くなる。

オーナー住戸併用賃貸集合住宅の設計では、このような特徴がありながら、オーナー住戸の配置も計画に大きく影響する。

図1、図2は1階にオーナー住戸が配置された集合住宅である。エントランス回りの細部に常に目が届きやすく、ゴミ出しや自転車が置かれた状況など日々の建物管理がしやすいメリットがある。また入居率が下がりがち（=賃料が下がりがち）な1階部分をオーナー用とすることで建物全体として賃貸経営に有利に働くメリットも少なからずあるだろう。入居者にとっては、オーナー兼管理人が常に1階に常駐している安心感もあるかもしれない。

図3、図4は、最上階にオーナー住戸を配置した例である。この計画では、上階になるほど眺望が良いことからオーナー住戸がもっとも良い場所に配置することが計画当初から決まっていた。この場合の付加的なメリットとしては、屋上ドレンの清掃や十数年に一度の防水のやり替えなど、屋根や屋上のメンテナンスの際に入居者への配慮を最低限にできる点があげられる。特に緑豊かな公園に近接していたり、敷地内に大きな樹木がある場合など、枯葉溜まりなど懸念するべき立地の場合は一考すべきである。

図1　アプローチ・オーナー住戸玄関・共用階段

図2　1階オーナー住戸

図3　最上階オーナー住戸
吹き抜け左側の階段をあがり塔屋のキャットウォークに至る

図4　屋上から塔屋をみる

8.10 好立地ならオフィス併用も考える

駅に近いエリアや商業エリアでは、道路から直接アクセスできる1階やその上下階の事務所や店舗の需要が高い。このようなエリアでは前面道路の人通りも多く、1階を住宅とすることは住宅地以上に入居を敬遠されがちなので、そうした側面からみても店舗、事務所とするメリットはある。小規模の事務所併用・店舗併用集合住宅では、住宅とそれ以外のスペースへのアクセスはできるだけ分けたほうがよいと考える。建築的には異なる用途を混在させたり隣合わせるほうが魅力的とする見方も当然あるのだが、小規模の場合その魅力はさほど期待できないように思うし、事務所や店舗は不特定多数が出入りするだけでなく、狭いスペースに様々な荷物の搬入出もあり、引っ越しなども考慮するとトラブルが起こりやすくなるからである。

図1は駅の前にあり、公園に面しつつ商店街からほど近い場所に建つ集合住宅の1階平面図である。1階は事務所、2階以上が住宅である。敷地は公園側と裏側に接道していることから、公園側を1階事務所のアプローチ、裏側を住居のエントランスとしている。この場合、間口が狭い狭小地にも関わらず、2面接道しているので難なく明快に動線を分けられたが、1面接道の場合は工夫が必要である。

図2は、都心のビルに埋もれるように建つ小規模の集合住宅で、半地下となる最下階が事務所、他は住居である。住居へのアクセスは右側からオートロックを経由して階段を上がり、事務所へのアクセスは建物に向かって左側から階段を直接下りる。狭小な敷地で明快に動線を分けた事例である。

また飲食店を併用する場合は、厨房からの排気が臭いや油気が多量となる場合がほとんどなので、排気計画を入念に行うことが必要である。太い排気ダクトを建物の外壁に這わせて屋上で排気するなど、都心のビルの裏側ではよく見かける光景であるが、隣地境界線との離隔や空調室外機や雨樋との干渉など注意が必要である。

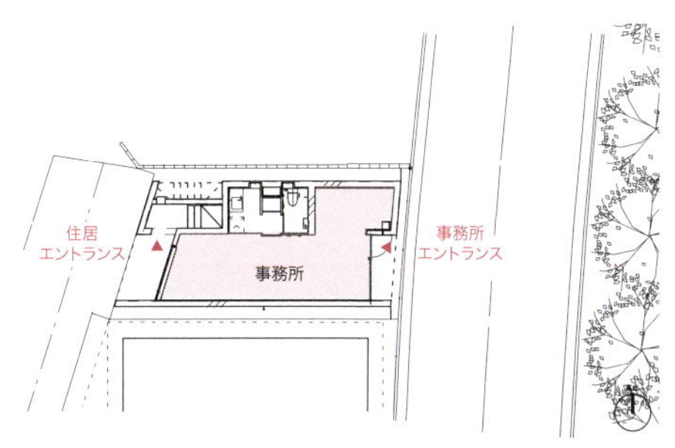

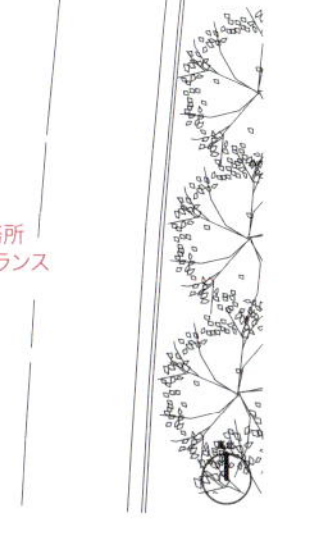

図1　1階平面図　S＝1/400

図2　外観　半地下の事務所への階段と住居エントランス

8.11 独自ウエブサイトをひらく

新築物件は人気が高く、数年は客付けに困らないだろう。しかし、デザイナーズ物件や、ペット共生可などの特殊物件では、確実なニーズを見込んで企画してあっても、ターゲット市場が小さいため、事前の広報活動をもって客付けの出足を稼ぐとよいだろう。これにはいくつか方法がある。

まず可能なのが、図１のような、物件独自のウエブサイトを用意することであろう。最近では、サーバ設定やドメイン取得、ウエブページオーサリングツールも無料で提供されているため、図のコンテンツさえ整えば誰でも製作可能である。

不動産仲介者の提供する物件検索サービスでは、基本的には竣工後の、いつでも入居可能な案件しか掲載されない。竣工前の情報が載ることもまれにあるが、内観写真もなく、間取りと面積の基本情報しか提示できない。しかし独自ウエブサイトがあれば、デザイン上のこだわりのポイントや、不動産物件情報には載らないような「見えない付加価値」について、余すことなく入居検討者に伝えることができる。図１の事例は、すでに竣工写真が載っているが、実際には建物が出来上がる数か月前からサイトを公開し、CGイメージや図面情報、耐震強度の説明や衛生・電気設備機器の解説まで載せている。これだけ手厚い情報があって、数か月の検討期間があれば、竣工直後であっても、出足よく客付けできるだろう。

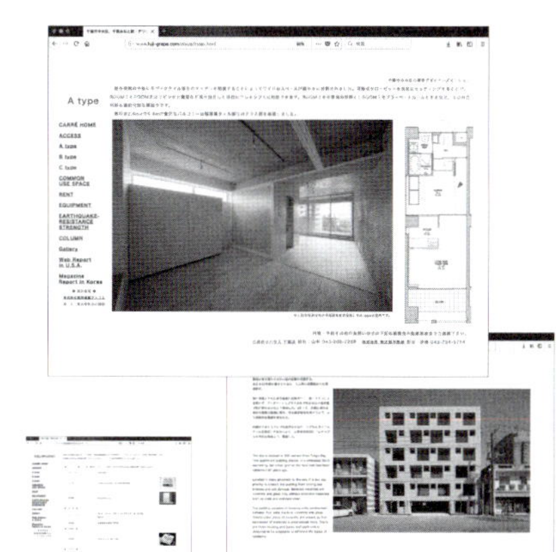

※開設当初はCGパース等を用いていたが、その後、建物完成時に竣工写真へと差し替えられ、引き続き独自ウエブサイトの役目を果たしている（賃貸型集合住宅「CARRÉ」http://www.fuji-grape.com）。

図１　独自ウエブサイトの立ち上げ

8.12 独自ブックレットをつくる

ウエブサイトと併せてぜひ実践していただきたいのが、図1のような、物件独自のブックレット製作である。準備時期と内容はウエブサイトのコンテンツと同じでよいが、これもまた竣工前に準備するため、物件写真が載せられないので、デザイナーに依頼してCGパースや図面を提供してもらい、A4クリアファイルなどに簡易製本すればよい。自分で作業するのが面倒な場合は、ネット依頼型の製本ショップに頼むのも一つの手だろう。

そして、これを不動産仲介各社に1冊ずつ配布し、事前の客付けに使ってもらうわけである。専任の仲介業者には、営業マンごとに1冊ずつ配布してもよいだろう。こんな手間をかける必要があるのかと疑問を持たれるかもしれないが、狙いは顧客アピールではなく、不動産仲介者に物件の良さを熟知してもらうことと、オーナーの「本気度」を示すことにある。

※ブックレットのコンテンツには、設計者・デザイナーから提供を受けたCGパースや図面、イラストなどを用い、A4見開きのクリアファイルに綴じ込みまとめた。これを不動産仲介各社に1冊ずつ配布した。

図1　独自ブックレットの製作

8.13 入居希望者見学会をひらく

ウエブサイトやブックレットを用意するのは、ちょっと大変だとお感じのオーナーがいれば、入居者（または入居希望者）見学会だけは開催していただきたい。地域内オンリーワンの魅力を持った、優良な物件ならば、専任仲介業者が喜んで協力してくれるであろう。図1の各写真は、そうして協力を仰いで開いた入居者見学会の様子である。建築工事の引き渡し後に開いても意味がないから、内装工事の終わった部屋だけを開放し、入居後の生活空間のイメージを掴んでもらうよう、事前に調達しておいた家具類を配置した。ただし、工事期間中の建物は、厳密に言えば施工業者の持ち物であるし、施工途中の箇所に不特定多数の客が出入りするのは安全管理上好ましくない。よって工事進捗を見ながら事前に開催日を調整しておき、さらに可能ならば、見学者に開放したい部屋を先に仕上げてもらうなど、段取りを組むとよいだろう。

1階EVホールにスタッキングチェア等で見学会の受付を特設。受付・案内業務は不動産仲介業者に協力を仰いだ。

広めの通路を書斎として使うイメージを伝えるべく、デスク照明と椅子を配置した。

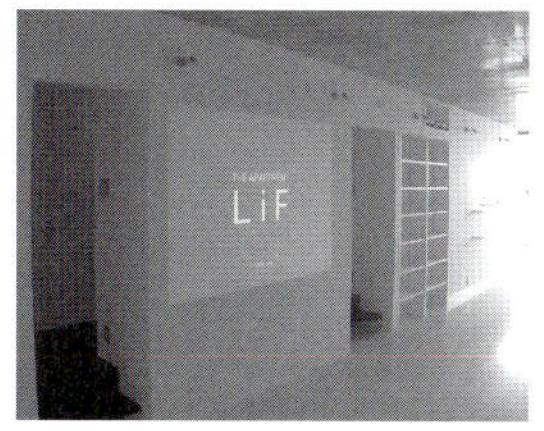

短い宣伝動画も用意したので、大きな壁面にプロジェクションした。ミニシアターとしてのイメージである。

実際に使う家具を本計画の竣工に併せて購入し、見学会会場に配置した。家具が入ることで部屋が広く感じられる。

図1　入居者見学会の開催

8.14 イベントで愛着をもたせる

地域オンリーワンの企画で集合住宅を建てても、その後の住宅としての質的フォローをしないというのではだめである。入居者に愛着を持ってもらい、見えない付加価値どんどん増やしていく方法として、次の２つをお勧めする。

もっとも手軽かつ簡易なものでは、共用部やエントランスホールを使って、クリスマスや正月、七夕やハロウィーンなど、季節ごとの飾り付けが挙げられる。図１に実例を示す。図中左上は、風除室内の壁面に、鋼鉄製フレームからなるアート作品を据え、そこに毎年テーマの異なるクリスマス・イルミネーションを添えるというものである。この年のテーマは「雪とメルヘン」であり、イルミネーションを背景にして雪景色のジオラマを製作した。ディスプレイ台として宅配ボックスの天板を用いている。また図中右上は、定期的なアートイベントの開催案内である。入居者にアートディレクターがおり、住戸をギャラリーとして開放している。また同氏の主催にて、現代アーティストの作品展が定期的に開催され、他の入居者だけでなく、地域全体の好評を得ている。図中下は干支をあしらった正月飾りである。ただ単に門松と注連縄では面白みがないので、毎年違ったデザインにて飾り付けされる。

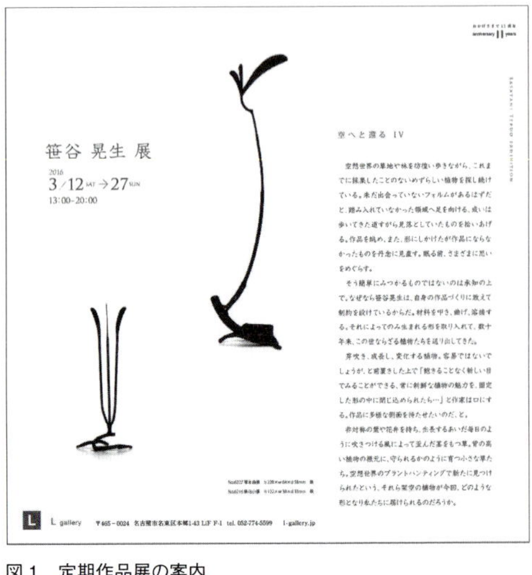

図１　定期作品展の案内

入居者にアートディレクターがおり、住戸をギャラリーとして開放している。また同氏の主催にて、現代アーティストの作品展が定期的に開催される。

風除室壁面に鋼鉄製フレームからなるアート作品を据え、毎年テーマの異なるクリスマス・イルミネーションを添える。

イルミネーションを背景にした雪景色のジオラマを、宅配ボックスをディスプレイ台がわりにし、季節の飾り付けとした。

干支をあしらった正月飾り。ただ単に門松と注連縄では面白みがないので、毎年違ったデザインにて飾り付けを行っている。ちなみに上図左から１枚目の写真は、赤いエレベータかご内に、現代アート風の注連縄があしらわれている。

図２　イベント・季節ごとの飾り付け

8.15 アートを添えてギャラリーにする

営業収入の一部、あるいは運営上の剰余金などを活用し、共用部などに、常設型の現代アートを展示するのもよいだろう（図1）。はじめからすべて用意するのは大変負担であるが、事業開始から2、3年の安定期に入った頃から、毎年1点ずつアートや絵画、彫刻などを増やしていくといい。

図中上では、階段室の吹き抜け壁面に、集合住宅の隣地に住む建物オーナーが描いた絵画（アクリルガッシュ・ペイント）が飾られており、単なる通路ではなく、アートギャラリーとして楽しめる。

図中下は、別な建物に、毎年1作品ずつ追加されている現代アートである。廊下やホールといった共用部は、いわば賃料を生まない空間なのだが、展示物を置いて、見て楽しむには絶好の場所でもある。生活にアートを添え、共用部をまるでギャラリーのように仕立てることで、他では得難い豊かさをつくり出し、それが物件への愛着・付加価値の醸成に繋がり、定着率も向上するのではなかろうか。

図1　生活にアートを添える。共用部をみんなのギャラリーにする。
集合住宅の隣地に住む建物オーナーが描いた絵画（アクリルガッシュ・ペイント）が飾られている階段室の吹き抜け壁。
単なる通路ではなく、アートギャラリーとして楽しめる。

図２　毎年１作品ずつ追加される現代アート
廊下やホールといった共用部は、いわば賃料を生まない空間なのだが、展示物を置いて、見て楽しむには絶好の場所でもある。生活にアートを添え、共用部をまるでギャラリーのように仕立てることで、他では得難い豊かさをつくり出し、物件への愛着・付加価値の醸成に繋がり、定着率も向上するのではなかろうか。

◆著者プロフィール

高柳英明（たかやなぎ・ひであき）
1972年生まれ
早稲田大学大学院博士後期課程修了　博士（工学）
現在、東京都市大学都市生活学部教授、高柳英明建築研究所主宰、早稲田大学大学院非常勤講師を兼務
著書：『デザイナーのための住宅設備設計［術］』、『事例で読む建築計画』、『建築設計テキスト集合住宅』（いずれも彰国社）、「スマートライフ」（星雲社）、ほか

添田貴之（そえだ・たかゆき）
1974年生まれ
1999年早稲田大学大学院理工学研究科（建築学）修了
現在、添田建築アトリエ主宰、東京都市大学非常勤講師
代表作：「CARRÉ」、「桜木町の集合住宅」、「宇都宮の住宅1」、「宇都宮の二世帯住宅」など
著書：『デザイナーのための住宅設備設計［術］』（彰国社）

デザイナーと投資家のための　賃貸集合住宅の企画［術］

2018年11月10日　第1版 発 行
2021年 5 月10日　第1版 第2刷

著作権者との協定により検印省略

著　者　高柳英明・添田貴之
発行者　下出雅徳
発行所　株式会社 彰国社
162-0067 東京都新宿区富久町8-21
電話 03-3359-3231（大代表）
振替口座 00160-2-173401

自然科学書協会会員
工学書協会会員

Printed in Japan

印刷：三美印刷　製本：中尾製本

ISBN 978-4-395-32117-9　C3052　https://www.shokokusha.co.jp